実践

介護現場における
虐待の
第2版
予防と対策

弁護士 外岡 潤 ［著］

民事法研究会

第 2 版 はしがき

　初版の発行から 4 年が経過しました。その間の大きな変更点として、令和 3 年の介護報酬改定に伴い原則としてすべての事業所が、「虐待の発生又はその再発を防止するための委員会の開催、指針の整備、研修の実施、担当者を定めること」が義務づけられました（障害福祉事業については、令和 4 年 4 月より義務化）。

　猶予期間が 3 年設けられましたが、令和 6 年 4 月からはいよいよこの取組みが正式に義務化され、運営指導等でも取組み状況が厳しく問われることになります。ましてや、職員が虐待事件を起こすようなことがあれば指定取消し処分が下される可能性も十分にあります。

　そのような中、ケアマネージャーや訪問介護、デイサービス等の在宅事業所において、担当ご利用者の家庭内虐待（養護者による虐待）に対しどのように、どこまでかかわるべきかという問題がフォーカスされるようになります。特に虐待と背中合わせである身体拘束は、在宅だからこそ家族の判断で安易に実行されていることもあるでしょう。

　そこでこの度、本書を改訂するに際し、在宅における虐待問題について大幅に加筆しました。虐待防止の取組みは、数年前から組織的に取り組んできた施設と異なり、在宅事業所はまだ手探りという実態があろうかと思います。そのような悩める事業所の皆様の疑問にお答えし、不安を払拭すべく、今回のリニューアルに至りました。本書が皆様のお役に立つことができれば幸いです。

　　　令和 6 年 4 月吉日

弁護士法人おかげさま

外 岡　潤

1

はしがき

　介護施設では、さまざまなトラブルが起こり得ますが、最も避けなければならないのは入所者への虐待です。ひとたび虐待が発覚すると、被虐待者やその家族が傷つくだけでなく、当該施設も経営上致命傷を受けることになります。

　そのため、施設側の関心も高いのですが、全国的に施設内虐待通報の件数は減ることがなく、ショッキングな虐待のニュースがたびたび世間を騒がせています。組織が大規模になるほど、現場では虐待の兆候がみられ、大なり小なり事件が起きてしまう、というのが現状ではないでしょうか。

　一方で身体拘束も深刻な問題です。平成30年の介護報酬改定により、身体拘束等の適正化の取組みを実施しなかった場合のペナルティが厳格化されました（身体拘束廃止未実施減算。障害福祉サービス等報酬も同様）。国は、虐待防止と身体拘束の適正化について、より一層時間をかけて取り組むよう施設に要請しているのです。

　ところが、いざ取り組もうとすると、さまざまな問題に直面します。まず、そもそも「虐待」とは何なのか。どこまでを虐待と認定すべきなのか。現場ではグレーなケースが多く、広く虐待と認定することで逆に混乱が広がる懸念もあります。身体拘束も同様であり、職員の教育から日々の実践まで、実は一筋縄ではいかないのがこの問題なのです。

　著者は介護・福祉を専門とする弁護士ですが、これまで施設から相談を受けた事例や質問をもとに、講義とQ&Aの形式で本書をまとめてみました。本書が皆様のお役に立ち、虐待事件の防止に繋がることとなれば幸いです。

　　　令和2年2月吉日

　　　　　　　　　　　　　　　　　　弁護士　外　岡　　　潤

『実践　介護現場における虐待の予防と対策〔第2版〕』

目　次

第3部　虐待の認定・対応Q&A（100問）

第1部

虐待が発覚した施設が
たどる道

序　章　虐待が発覚した施設がたどる道

　とある社会福祉法人の運営する特別養護老人ホームで起きた事件をみてみましょう。架空の事例ですが、どの施設でも起こり得ることであり、「他人事ではない」と危機意識をもっていただけるものと思います。

━登場人物━

【社会福祉法人おかげさま：法人】

　創立40周年を迎える、地元では有名な老舗の法人。２つの複合型施設、障害者支援施設等を多角的に展開する。

【特別養護老人ホームおかげさま：事件の起きた施設】

　法人内でも最大の複合型施設（100床）。事件はユニット型の３階フロア、利用者の居室で起きた。

【Ａさん（87歳女性、要介護度３）：被害にあった利用者】

　高度の認知症。職員の好き嫌いが激しく、相性が合わない職員には介助に非協力的な態度をとったり、叩く、蹴るといった行為に及ぶこともある。

【Ｂさん（47歳男性）：虐待をした職員】

　半年前に当施設に就職した。力もある貴重な男性で夜勤も積極的に入るため現場では重宝されているが、介助が乱暴なときがある。忙しいとイライラすることもあり、今まで利用者に怒鳴ったり、声がけをせず介助するような不適切な言動もみられた。女性蔑視的な言動もあり。

【Ｃさん（30歳女性）：同僚】

　Ｂさんの先輩にあたる同僚。しっかり者で次期施設長の呼び声も高い。なかなか仕事を覚えず、すぐ辞めてしまう最近の後輩職員たちに手を焼いている。

【Ｄさん（36歳女性、介護福祉士）：施設中間管理職】

　３階のユニットリーダー。現場勤務12年、この法人での勤続６年のべ

テラン。事なかれ主義で、部下に対して強く指導できないタイプ。

【Eさん（20代女性）：実習生】

　福祉の専門学校で資格取得のため勉強中。施設で短期間、働きながら実務を学んでいた。

【施設長（64歳女性、元看護師）】

　特別養護老人ホームの施設長。優しい性格だが、気弱な面もある。

【理事長】

　創設者の息子であり、１年前に理事長の座を引き継いだ。初任者研修（ヘルパー２級）は取得したが、現場勤務の経験は少ない。

●同僚が目撃した、衝撃的な場面●

　ある初秋のさわやかな朝。特別養護老人ホームおかげさまでは、いつものように職員たちが慌ただしくフロアを駆けまわっていました。朝は利用者が一斉に起き出し、朝食の準備をしなければならないため、特に忙しい時間帯です。最近は重度化した利用者も増え、各人を車椅子や付添い歩行でリビングまで誘導するのも一苦労。

　そんな中、事件は起きました。

　現場職員のCさんが廊下を歩いていると、「早くしてください！」という不機嫌そうな声が聞こえてきました。何事かとその場所へ行くと、なんと職員のBさんが、利用者のAさんの更衣介助をしながら、Aさんの左太もものあたりをバシバシと右手で叩いていたのです。Aさんは「何をするんだい、痛いじゃないか！」と気丈に言い返していましたが、痛みのせいか顔を歪めていました。

　驚いたCさんは慌てて止めに入り、「どうしたんですか、Bさん！ご利用者様を叩くのは止めなさい」とBさんに言いました。

　するとBさんは一瞬驚いた表情を見せましたが、すぐに不機嫌な顔に

3

戻り、「Ａ様はいつもこうなんです。本当に痛みを感じるほど強く叩いたりしていません。それにリーダーは、時間内に朝食の準備に間に合わせるよういつも言っているじゃないですか。だから急いでいただく必要があった、それだけのことです。Ａ様だけ毎回、着替えに人の２倍も３倍も時間がかかるんですから、しょうがないでしょう」と早口でＣさんに言い放ちました。Ｂさんは興奮した様子でした。

　Ａさんはといえば、その隣で押し黙っていましたが、叩かれた箇所を手でさすっていました。

　Ｃさんは、ともかくＢさんを落ち着かせなければならないと思い、自分が更衣介助を引き継ぐのでＢさんは朝食の配膳を手伝うよう指示しました。Ｂさんはリビングに行きました。「Ａ様、大丈夫ですか？」と向き直り声をかけると、「全く、信じられないよ。私が何をしたっていうんだい」と、Ａさん。通りがかった実習生のＥさんにも手伝ってもらい、パジャマを脱がせてみると、幸いにも脚に内出血や打撲の跡は見られませんでした。ところがＡさんは「ここが痛い」と、Ｂさんに叩かれた左太ももを指さします。

　念のため看護師にも看てもらいましたが、けがをした様子はなく、歩行もいつもどおりできていました。

（午後、相談室にて）

　「……ということなんですよ、Ｄリーダー。私、前からＢさんは乱暴で、いつトラブルにならないか冷や冷やしながら見ていたんですが、案の定でした」とＣさん。部屋ではユニットリーダーのＤさんが報告を受けていました。

　「そうですか、そんなことが……。Ａ様もさぞ怖い思いをされたことでしょう。でも、けがはなかったのですね？」

　「そうですね、いつもどおり杖歩行できていましたし、バイタルも正常で食欲もありましたから。でも、ずっと根にもっているようで、『Ｂにやられた。私は被害者だ』ってブツブツつぶやいているみたいです」。

「困ったことになったなぁ。Ａ様は気難しい方だからね。Ｂもよりによってこの利用者に手を上げるなんて……」。

「相手がＡ様だからこそこうなった、と言えるんだろうと思いますよ。Ａ様は職員の好き嫌いが激しくて、Ｂさんのことは特に嫌っていましたからね。でもＤリーダー、今回のことって、いわゆる虐待事件ですよね？　これからどうすればいいんでしょう。やっぱりＡ様の家族に報告しなきゃならないんでしょうか」。

「うーん、それは……できれば報告しないで済ませたいなぁ」と、腕組みをして考え込むＤリーダー。

　Ａさんには、義理の娘が身元引受人となっていましたが、Ａさんとは仲が悪く、入所以来施設に顔を出すこともほとんどありませんでした。電話にもなかなか出てもらえず、ケア会議や家族懇談会にも一切出席しません。職員達もこの家族には苦手意識をもっていました。熱が上がったときに報告したところ、「そんなことでいちいち連絡してこなくて結構です！」と怒鳴られたこともありました。

「逆にまた怒られるのも嫌ですしね。どうせ娘さんはＡ様のことなんて関心がないんですから、わざわざ寝た子を起こすこともないんじゃないですか。ただでさえ今月は２人も職員に辞められて、現場はもう限界です」とＣさん。

「そうだね、ただでさえ細かいことを指摘してきて困るご家族は山ほどいるわけだから。それじゃあこの件は『様子見』ということで」。

　様子見は今回に限ったことではなく、実はＤリーダーの「得意技」だったのですが、今回ばかりは家族に話すと大ごとになると感じたＣさんは、「それでいいんだ。いちいち取り上げていたらきりがないんだから」と心の中でつぶやいたのでした。

●部外者からの指摘●

（２週間後）

5

　Ａさんの一件の後、すぐに穏やかな日常に戻った施設では、誰もがこの件を忘れようとしていました。ところが思わぬ「横やり」が入ったのです。それは実習生のＥさんでした。実習最終日の前日、意を決した表情でＥさんは施設長室のドアの前に立っていました。
（ノックの音）
「はい、どうぞ」。
「失礼します」。
「あら、Ｅさん。実習はどうだった？もし、うちを気に入ってくれたのなら、できるだけ希望に沿ったシフトを用意するけど……」施設長は、今どき珍しい専門学校出の若いワーカーの確保に必死です。ところが、
「いえ、今日はそのようなお話ではなくて、実はご相談に来たのです」と遮るＥさん。ただごとではないと悟った施設長は、無言でソファにかけるよう促しました。
「実は私が入らせていただいていたフロアで、ご利用者の虐待がありました」。
「ええっ、虐待ですって！？」
　寝耳に水の報告に驚いた施設長。それもそのはず、Ａさんの件はＤリーダー止まりで何も聞かされていませんでした。
「はい、Ａ様というご利用者様です。〇月〇日の朝に……」。
（5分後）
　施設長は心の中で頭を抱え込んでいました。Ｅさんの話は次のようなものでした。
　ＥさんがＡさんの居室前を通りかかったところ、Ｃさんから呼び止められた。行ってみるとＡさんはいつになく興奮していたので、更衣介助を手伝ってほしいと言われた。理由を尋ねたが、Ｃさんは自分の顔を見ようともせず「ちょっとぶつけられたみたいなの」と曖昧なことを言うばかり。朝食後にＡさんとお話する機会があったので隣に腰をかけたと

ころ、「Bにやられた。左足を叩かれて着替えを急かされた。頭もはたかれた」とAさんは切々と訴えたのでした。

　──うーん、これが事実だとすれば、いわゆる身体的虐待になるのかしら。確か法律では、虐待を発見したらすぐ役所に届け出なければならないとされていたわよね。でも、先週も大きな事故が起きて報告したら「ちゃんと一人ひとりの利用者を看ていますか？」と役所の担当者に釘を刺されてしまったばかりだしなぁ。このタイミングで「また虐待事件か」とあきれられることは間違いないわ──施設長の脳内はぐるぐると回転しています。

　──でも、そもそもEさんは、B職員がA様を叩く瞬間を見たわけじゃないのよね。Eさんのこの証言だけを信じて、B職員が虐待者だと決めつけるのもどうなのかしら。それにA様は特にけがはなかったというし。軽く叩く程度なら虐待にはあたらないのでは？──

　施設長は最後に口を開きました。

　「わかりました、Eさん。報告してくれてありがとう。利用者を守るため、大事なことですね。私のほうでBさん、Cさんにも話を聞いてみます」。

　「わかりました。ただ、私がこのことを報告したことは伏せていただきたいと思います。Bさんは普段から仕事が乱暴なようで、私が手伝うときなども気にくわないのか睨みつけてきて、怖いんです。波風を立てても良くないと思い、今まで言い出せませんでしたが……」と涙ぐむEさん。

　──これは悪い印象を与えてしまった。ここでの就職は望み薄かもしれないな──と悟った施設長は、ともかくもEさんを帰し、すぐさまCさんとDリーダーを呼びました。

　「……ということらしいんだけど、あなた達、知っていて黙っていたの？」施設長は思わず気色ばんで言いました。

　「確かに、施設長に報告しなかったのはまずかったと思います。でも

施設長、こういっては元も子もないですが、今回Ａ様に外傷等は一切見られなかったんです。ご存知かと思いますがＡ様という方は非常に気難しく、ターゲットを見つけては年中難癖をつけています。私も『あんたは手際が悪い。そんなんじゃ嫁に行けないよ』と言われたことがあります。Ｂさんをかばうつもりはありませんけど、きっとＡ様のほうから先にケンカを仕掛けたんじゃないでしょうか」とＣさん。

そこにＤリーダーも、「私は当日Ｃさんから報告を受けましたが、Ａ様から聴取りをしたときは、Ａ様はもう事件のことを忘れていて、というよりは別の件と混同したのか『Ｂに首を絞められた。ここに痣があるだろう』などと言っておられました。私が『Ｂに左足を叩かれませんでしたか』と尋ねると、『そんなことはされていない』とはっきりおっしゃったので、これは聴取りをしても意味がないと思ったのです。確かにＣさんはＢ職員がＡ様の脚を叩くところを目撃していますが、Ｅさんが言うように頭をはたくような場面はなかったと言います。実際おけがもしていないようでしたので、それなら虐待とまではいえないのではないかと思います」と加勢しました。

２人に反論されるとは思っていなかった施設長は虚を突かれました。──確かに普段から、自力で解決できることは極力自分たちで考えるようにと指導していたから、この人たちはそのとおり対応しただけなのかもしれない。うーん、でもやっぱりＢ職員がＡ様を叩いていたことが事実なら、それを看過するのはまずい気がする──

「Ｅさんが虐待だと思ったのは、やっぱり現場勤務の経験が浅いということもあると思います。どこまでセーフとするかは難しいと思いますが、何でも虐待認定していたら現場は絶対にまわっていきません」とＣさん。施設長は慌ててミーティングを終了としました。現場と打合せをすると大抵最後に「人を増やしてほしい」と突き上げられるのが定番だったからです。

施設長は結局、当事者であるＢ職員を呼び、直接ヒアリングすること

はしませんでした。攻撃的で癖のある性格であることは施設長としても十分理解していたし、どうせ聴取りをしたところで「確かに、Ａ様の脚を軽く叩きはしたが、ポンポンと注意を促す程度の強さで、虐待しようという意図は毛頭なかった」などと強く言われるだけだろうと思ったのです。

　インターネットで検索してみると、高齢者虐待防止法上「身体的虐待」は次のように定義されていました。

> 高齢者の身体に外傷が生じ、又は生じるおそれのある暴行を加えること。　　　　　　　　　　　　　　（高齢者虐待防止法２条４項１号イ）

　——今回は実際に外傷は生じなかったわけだから、「外傷が生じるおそれのある暴行」とまでは言えないんじゃないかしら。どこを叩かれたのかすら判然としないし。Ｂ職員に逆恨みされても嫌だし、確かに今回はリーダーたちの言うとおりなのかもしれない——施設長の気持ちは「虐待ではない」という方向に傾きつつありました。一方でＥさんは、施設長の判定を知らされないまま施設を後にしたのでした。

●思わぬ事態に●

（さらに１週間後）

　施設長あてに県の福祉指導課と名乗る人から電話がありました。いぶかし気に受話器を取った施設長の顔は、みるみる青ざめていきました。

　「そちらの施設で、利用者が虐待されているという通報が数件寄せられました。事実を確認するため、本日の午後３時から市の担当者とともにそちらに伺い実地調査を行います。ついては、Ａさんという方の介護計画と記録一式を用意してお待ちください」。

　——誰かが行政に通報したのだ——施設長の脳裏には、当然ながらＥさんの顔が浮かびました。

　──でも「数件」と言っていたな。確かに、利用者がけがをして事故報告を出したことはあったけど、まさかそれも虐待と疑われているのかしら──すっかり気が動転した施設長は、ともかくも理事長に事態を報告しようとしましたが、理事長は長期休暇で海外旅行に行っており、連絡がとれませんでした。

　その後の顛末はまさに悪夢としかいいようがないものでした。県と市はAさんの件が施設内で認識されていながら虐待の報告をせず、意図的に隠ぺいしていたことを重く評価しました。今回の件とは無関係の別の利用者の事故についても、その時介助をしていたB職員の仕業ではないかと厳しく追及されました。

　翌日、B職員はAさんへの暴行罪で逮捕され、後日、次のような理由で起訴されました。

下記被告事件につき公訴を提起する。

公　訴　事　実

　被告人は、令和〇年10月11日午前7時45分頃、〇〇県〇〇市〇番地所在の社会福祉法人おかげさま特別養護老人ホームおかげさま3階A居室において、Aに対し、同人の身体を両腕で掴んで引っ張りその意に反し起立させた上、同人の頭部及び左大腿部を手で叩く暴行を加えたものである。

罪　名　及　び　罰　条

暴行　刑法第208条

　B逮捕の事実が警察から公表されると、手回しのいいマスコミが複数台カメラを携え、施設の入口に押し寄せました。キャスターは施設を背景に勝手にカメラに向け報道を始めます。出入りする職員を手あたり次第に捕まえ、質問を浴びせるインタビュアー。職員たちがこれ以上ない衝撃を受け、パニックに陥ったことはいうまでもありません。

　間が悪いことが重なり、たまたまインタビューを受けたある職員が、「実はこの施設では虐待は日常茶飯事だった。自分も、ここの隠ぺい体質はおかしいと思っていた」と発言したからさぁ大変。インタビュー部分は夕方のニュースから向こう数日間連日のように流され、この特別養護老人ホームは一夜にして「超有名ブラック施設」になってしまったのでした。

　数週間後、B元職員への有罪判決が下されました。マスコミはここぞとばかりに書き立てます。

　「〇〇市の施設入居者暴行　元職員に有罪判決」

　「施設側通報せず　根深い隠ぺい体質」

　「元職員が激白　理事長、施設長の無責任運営」

　施設長は家族会で吊し上げにあい、非難の声に耐え切れず辞めていきました。出勤するたびに好奇の目にさらされることに耐え切れず辞めていった現場職員も数知れず。気づけば特別養護老人ホームは、半数が派遣職員という異常事態に陥っていました。

　さて、物語はここでおしまい……と言いたいところですが、実はこの悪夢にはまだ続きがあります。一度「虐待体質」になり事件を起こし注目されてしまった施設は、そう簡単には立ち直れないのです。

●施設のその後●

　Aさんの一件で施設は、県から改善命令を受け、再発防止策の徹底、毎月1回の虐待防止委員会の開催と全職員への研修、定期報告等が義務づけられました。

　施設長の後任には、残っていたCさんが就任しました。

　ある日、C新施設長の下に耳を疑う報告が飛び込んできました。

　「施設長、大変です。派遣のFさんが利用者の顎をつかんで無理やり

食べ物を詰め込んでいました」。

　──ああ、また虐待が起きてしまった。Ｆ職員は面接のときから情緒不安定な様子だったけど、背に腹は代えられず採用してしまった。嫌な予感が的中した。Ｆ職員は職場を変えればいいだけだが、法人にとっては散々だ──しばし茫然としたＣさんは、とはいえ今度こそ「隠ぺい」と指摘されるわけにはいかないと、急いで市に事の顛末を報告しました。

　市の担当者はあきれた顔で「またですか。職員の研修参加割合もかんばしくないようですし、アンケート結果を見ても人権意識が定着しているとはいい難いですね。このままで本当に運営を任せられるのか、正直不安です」と言いました。

　──えっ、運営を任せるですって？　経営者のようなことを言うものだな。どういう意味だろう？──と違和感を覚えたＣさんでしたが、その場はひたすらに頭を下げ、解放してもらったのでした。

　最初の事件以来、施設と法人のイメージは地に落ちています。インターネットで施設名を検索すると、検索結果の画面には、施設の公式ホームページより上位にマスコミの事件報道や匿名掲示板での暴露サイトがずらずらと表示されます。このようなことから新規に入居を希望する人もいなくなり、さらに施設で働きたいという職員も皆無となり、とうとう来月からは３階のフロア全体を閉鎖することになりました。

　ところがこの事態に至っても、理事長は表立って指揮をとり、対外的メッセージを発するといったリーダーらしいことをしません。職員も知らない本業のほうが忙しいのか、しょっちゅう海外に行き、音信不通の状態が続いていました。もう施設の経営はあきらめているのではないかとの噂が広まるのに時間はかかりませんでした。

（１年後）

　虐待体質から脱却できずにいる施設に業を煮やし、所轄庁が最後通牒を発しました。社会福祉法に基づく業務の一部停止命令（社会福祉法72

12

条）です。半年間新規入所者の受入業務が禁じられたのです。そこから先は坂道を転げ落ちるように法人は凋落し、最終的には解散命令を受け、消滅したのでした。

第 2 部

虐待の構造と
予防・対策

第 1 章　虐待と身体拘束をめぐる現状と強まる法的規制

1　指定取消しがされた事例

　第 1 部を読まれて、どのような感想をもたれたでしょうか。「軽微な虐待事件が原因で、施設閉鎖にまで追い込まれるなんて荒唐無稽だ」と思われた方もいるかもしれません。しかし、これは決して根拠のないストーリーではないのです。実際、令和 5 年に下記の虐待事件（【事件 1】）に関し、訪問介護事業の指定取消し（【書式 1】17 頁参照）がされています（報道時、事業所名は公開されていましたがここでは伏せています）。

【事件 1】　訪問介護員による虐待

　令和 5 年 3 月 31 日、大阪府の○○市は、ヘルパーが利用者 4 人を虐待したほか、介護給付費を不正に請求していた理由により市内の訪問介護事業者の指定を取り消した。

・　緊急性などを検討せずにおむつを脱がないようにする介護用の「つなぎ服」を着せて身体を拘束する虐待をした。

・　冬場に廊下で寝かせて、介護保険法の人格を尊重する義務に違反した。

　市の監査に対し、事業者は、「虐待にあたるという認識はなかった」と話したという。

　その他、同社は令和 4 年 1 月から 8 月にかけて、サービスを提供した時間や担当者の記録をせずに、介護給付費を不正に請求しており、市は訪問介護の事業の指定を取り消し、訪問看護についても 3 カ月間、事業を停止する行政処分を行った。

【書式1】 指定取消通知書

令和5年4月4日

指定居宅サービス事業者の指定の取消し等について

　○○市は、介護保険法の規定に基づき、令和5年3月31日付けで下記のとおり指定居宅サービス事業者の指定の取消し及び指定の全部効力の停止（3か月）を行いましたので、お知らせします。

1　対象事業者等
(1)　法人名　　　　　　合同会社○○○
(2)　代表社員　　　　　○○　○
(3)　法人所在地　　　　○○市○○五丁目17番11号
(4)　事業所名称　　　　○○○訪問介護及び○○○訪問看護
(5)　事業所住所　　　　○○市○○五丁目17番11号
(6)　事業種別　　　ア　○○○訪問介護 訪問介護（平成29年6月1日指定）
　　　　　　　　　　イ　○○○訪問看護 訪問看護（平成29年6月1日指定）

2　処分内容
(1)　○○○訪問介護 指定取消し（令和5年3月31日）
(2)　○○○訪問看護 指定の全部効力の停止3か月（令和5年3月31日から令和5年6月29日まで）

3　処分の理由
(1)　人格尊重義務違反（法第77条第1項第5号）該当（○○○訪問介護、○○○訪問看護）
　　　○○市長が利用者4人について、高齢者虐待の事実があったと認めたこと。
(2)　不正請求（法第77条第1項第6号）該当（○○○訪問介護）
　ア　少なくとも令和4年1月から8月までの間、1人の訪問介護員が、同日同時間帯に複数の利用者にサービス提供した記録があり、誰が、いつサービスに入ったか不明でありながら、介護給付費を不正に請求し受領したこと。
　イ　少なくとも令和4年1月から8月までの間、○○○訪問介護で勤務していることが出勤記録で確認できない時間帯の訪問介護員の名前でサービス提供記録を作成し、介護給付費を不正に請求し受領したこと。
　ウ　少なくとも令和4年1月から8月までの間、サービス提供記録にサービス提供時間又はサービスを提供した訪問介護員の名前がなく、サービス提供の実態が確認できないにもかかわらず、介護給付費を不正に請求し受領したこと。

4　欠格事由該当者
　代表社員兼管理者　　　○○　○

2　増加する虐待事件

障害施設では近時明らかに「いじめ」といえる悪質な事件も増えています。

【事件2】　障害事務所での虐待

　　令和5年8月25日、神奈川県は、障害児の通所施設で利用者に対する虐待や給付費の不正請求があったとして、施設を運営するNPO法人（同県秦野市）について障害児通所支援事業者の指定を同年8月31日に取り消すと発表した。

　　神奈川県によると、令和4年、2人の職員が複数の児童に対し暴言を吐く等の心理的虐待、および児童を叩く、蹴るなど身体的虐待が認められた。

　　また、令和2年から4年にかけ、複数児童のサービスの利用日数を水増しし、国や県などが負担する給付費約254万円を不正請求した。

　令和4年度の厚生労働省による全国調査（令和4年度「高齢者虐待の防止、高齢者の養護者に対する支援等に関する法律」に基づく対応状況等に関する調査結果（以下、「厚生労働省調査結果」といいます））によれば、高齢者虐待と認められた件数は、養介護施設従事者等によるものが令和4年度で856件であり、前年度より117件（15.8％）増加という結果が出ました（〈図表1〉19頁参照）。過去、高齢者・障害者とあわせて虐待の件数が減少したということはみられず、人手不足の深刻化と高齢者数の増加を背景に、状況を放置すればますますその件数は増加していくことが予想されます。

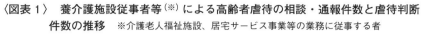

〈図表1〉　**養介護施設従事者等**(※)**による高齢者虐待の相談・通報件数と虐待判断件数の推移**　※介護老人福祉施設、居宅サービス事業等の業務に従事する者

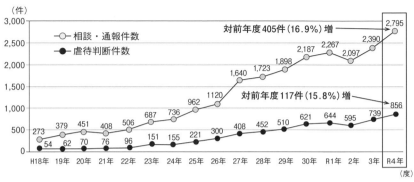

3　施設への抜打ち検査

　こうした深刻な状況を踏まえ、厚生労働省は介護保険施設等指導指針を次のとおり変更しました（太字は著者）。

（1）　実施通知

　都道府県知事及び市町村長は、指導対象となる介護保険施設等を決定したときは、次に掲げる事項を文書により当該介護保険施設等に原則として1月前までに通知する。

　ただし、指導対象となる介護保険施設等において高齢者虐待が疑われる等の理由により、**あらかじめ通知したのでは当該介護保険施設等の日常におけるサービスの提供状況を確認することができないと認められる場合は、指導開始時に次に掲げる事項を文書により通知する。**（介護保険施設等の指導監督について（令和4年3月31日付老発第0331第6号厚生労働省老健局長通知）新旧対照表改正案　別添1介護保険施設等指導方針）

　通常、施設等に対する実地指導は1カ月ほど前に通知が送られ、施設側も書類の準備等ができました。しかし、虐待は密室で起こるため、「抜打ち検

査」を可能としたのです。

4　身体拘束廃止未実施減算

　虐待と密接に関連する課題として、身体拘束があります。

　身体拘束の廃止に向けた取り組みをしないと、事業形態によっては身体拘束廃止未実施減算が適用されます。

　この減算措置は制度改正の度に強化されており、平成30年には委員会や研修等の取組みが追加され、減算対象事業所が拡大するなど強化されました。

　そして令和6年の介護報酬改定により、新たにショートステイ、多機能系サービスも義務対象となり（ただし減算は令和7年4月1日から）、所定単位数の100分の1に相当する単位数が減算されることになりました。

　なお、特別養護老人ホーム、介護老人保健施設等以前から減算対象とされていた形態については減算割合は1日あたり10％となります。

　訪問、通所、福祉用具、居宅介護支援については減算対象ではありませんが、緊急やむを得ない場合の身体拘束について記録の作成が義務化されました。

　障害系の事業所は、介護と異なり訪問も含め全事業形態が減算対象となったため注意が必要です。

　減算割合も高められ、より厳しくなりました。

　令和6年4月1日以降、以下のとおり事業形態別に適用されます。

・　施設・居住系サービス（障害者支援施設、共同生活援助、等）
　　→所定単位数の10％
・　訪問・通所系サービス（短期入所、就労継続支援A/B型、等）
　　→所定単位数の1％

【身体拘束廃止未実施減算の算定要件】

① 　身体拘束などを行う場合には、その態様・時間、その際の入所者の心身の状況、緊急やむを得ない理由を記録すること。

② 　身体拘束などの適正化のための対策を検討する委員会を3カ月に一度※以上開催するとともに、その結果について、介護職員やその他の職員に周知徹底を図ること（地域密着型特別養護老人ホームにおいては運営推進会議を活用することができることとする）。

③ 　身体拘束などの適正化のための指針を整備すること。

④ 　介護職員やその他の職員に対し、身体拘束などの適正化のための研修を定期的に実施すること。

　社会全体では、高齢者や障害者に対する虐待という問題に対する意識が高まってきたこともあり、通報件数は増え続けています。

　職員数は圧倒的に不足しており、知識や経験が未熟な人、そもそも介護・福祉の現場で働くことを希望していなかったような人が現場で勤務するようになりました。一方で利用者側のサービスに対する要求レベル、権利意識の高まり等も相まってストレスや人間関係の軋轢が生じやすくなっているといえます。このように虐待・身体拘束の問題は待ったなしなのです。

5　令和6年以降、全事業所における高齢者虐待防止の推進

　さらに令和3年度の介護報酬改定では、高齢者虐待防止の推進措置として、全事業所（居宅療養管理指導と特定福祉用具販売事業所を除く）に①虐待の発生またはその再発を防止するための委員会の開催、②指針の整備、③研修の実施、④担当者を定めることが義務づけられました。令和6年4月1日より、すべての事業所がこの対応をしていない場合、基本報酬が所定単位数の1

※　障害系は「定期的に開催」となります。

％減算されることになります（福祉用具貸与のみ、さらに3年間の猶予措置）。

　当然ながら、この事業所にケアマネージャーや訪問介護など、あらゆる在宅事業所も含まれます。

　施設においては、前項で解説した身体拘束廃止の取組みとあわせて虐待についても何らかの対策を講じるところが多く、また施設単位で職員が集合しやすいため委員会や研修も実施しやすいという利点がありました。一方在宅事業所、特に訪問系は、常に人の出入りがあり、なかなか事務所に集合して時間をとり話し合うということが難しいと思われます。これまで身体拘束や虐待について組織的に対策を講じた経験がほとんどないと思われるところ、いざ実行しようとしても「委員会といわれても、何をすればいいのか……」「各家庭における身体拘束等の安全策について、外部支援者としてどこまでかかわるべきか」といった疑問が浮かんでくるのではないでしょうか。そこで本書（〔第2版〕）では、この点に対応すべく在宅における虐待防止策について補充しました。詳細は第13章（126頁参照）をご覧ください。

第2章　「虐待」は一度はまると抜け出せない「蟻地獄」構造

　第1部のストーリーでは、一度行政から改善命令を受け、心を入れ替え、やり直そうとしたその矢先に、あろうことかさらなる虐待事件が起きてしまいました。行政からの改善命令期間中は、刑事事件でいうところの執行猶予のようなものです。その間に再度事件を起こせば、今度こそ「実刑判決」（行政処分）ということになりかねません。

　「そんな極端なことが滅多に起きるはずがない。施設も以後は十分注意を払うようになるだろう」と思われるかもしれません。しかし、これは筆者が相談を受けた中で現実に起きたことを基にしており、どの施設でも十分起こり得ることなのです。

　〈図表2〉（24頁参照）を見てください。右上の「虐待事件発生」から始まり、時間は時計回りで進んでいきますが、施設が一度「虐待体質」に陥ると、人間の生活習慣がそう簡単には変えられないのと同じで、その体質から脱却することは実は非常に困難なのです。

　現場の虐待事件は、主に職員個々人のストレス、認知症等に対する知識や経験不足、職員間の連携不足、仲の悪さ等が原因となり発生します。これらの要因は、施設全体で職員が定着し、良好な人間関係でまわっているうちはよいのですが、知らないうちに現場で発生し累積していくものです。徐々に組織を蝕んでいき、いつか突然、虐待という致命的な形で表面化することが往々にしてあります。

　虐待発覚後は、ただでさえやることが無数にあります。利用者・家族への謝罪と賠償、行政への報告、場合によっては警察に出頭し、捜査に協力しなければなりません。そのどれもがこれまで経験したことのないものであり、担当者は日常で起きる転倒事故等とは比べものにならない緊張感とストレスにさらされることになります。職員が故意で行ったことなので、損害賠償保

険も原則として支給されません。

　嵐のような日々をやり過ごしたところで、施設の日常は続いていきます。被害規模が大きいほどその顛末はセンセーショナルに報道され、「いい人材」は施設に寄りつかなくなります。当然ながら利用者家族の不安も募り、「本当にここに預けて大丈夫なのか」といった問いかけに誠実に対応し、不信感を払しょくしていかなければなりません。そのようなより厳しい状況の中で、その前段階の、まだ余裕のあった環境で発生した虐待事件の再発を「絶対に」予防しなければならないのです。一人の人間ならいざ知らず、数十名規模の集団（しかも定着せず、どんどん入れ替わっていく）の心構えを一瞬で変えさせ、虐待を防ぎきることは非常に困難といってよいでしょう。少なくとも一度や二度のとおり一遍の研修を実施するだけでは全く効果がないことは明らかです。

　では、どうすればよいでしょうか。順番は前後しますが、以下では 1 回目の虐待が起きた後に改善命令を受けたところからみていきます。

〈図表 2〉　虐待の「蟻地獄」構造

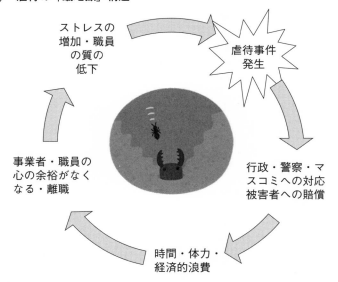

ストレスの
増加・職員
の質の
低下

虐待事件
発生

事業者・職員の
心の余裕がなく
なる・離職

行政・警察・マ
スコミへの対応
被害者への賠償

時間・体力・
経済的浪費

第3章　再発防止のために組織としてすべきこと

1　心構え——再発防止に繋がらなければ何の意味もない

　まず、出発点となる大事な心構えからです。一言でいうと虐待防止に向けて「**主体的に取り組むこと**」を意識しましょう。「言われたことだけ最低限やればよい」という受身の発想を捨て、どうすれば虐待を二度と起こさずに済むか、真剣に考え（plan）、自発的に行動し（do）、検証（check）・改善（action）しながら継続することが必要です。これをPDCAサイクルといいます。

　行政から受ける改善命令書には、程度の差はありますが、概ね「全職員に向けて研修をしなさい。委員会で虐待防止について目標を定め計画書を作成し、検討しなさい」というように、なすべきことについてひととおり指示が書いてあります（【書式2】26頁参照）。

　行政としては1年ほど定期的に様子をみて、「虐待体質から脱した」と認めたときに指導は終了します（もちろん、その後も自助努力を続けなければならないことはいうまでもありませんが）。

　「なんだ、行政のいうとおり宿題を出して終わるなら楽なものだ」と思われるかもしれません。実地指導で、書面の整備や改訂を求められるようなものだと高をくくってしまいます。しかし、それこそが落とし穴なのです。それらの指示に従い書類さえ揃えて提出すれば「本当に」再発を防止できるかというと、その保証はどこにもないのです。

　事故トラブルに関しては、人はどうしても「今回は運が悪かった。次から気をつければいいだろう」と楽観的になり、効果のほどが実感しづらいリスクマネジメントについては手を抜きがちです。大抵は「こんな事件は滅多に起きるものではない。虐待をした職員を辞めさせれば一件落着だ」等と安易

に考え、形だけの虐待防止研修を開催し、紋切り型のアンケート結果を添えた報告書の提出で終わってしまいます。

【書式2】　改善命令書（例）

改善を要する事項

1．高齢者虐待の再発防止に向け、貴法人以外の第三者委員を含めた虐待防止のための委員会を設置し、当該委員会を定期的かつ継続的に開催し、再発防止に向けた改善取組みを行い記録に残すこと。また、当該委員会の要綱を見直すこと。なお、第三者委員は選考理由を示し、最低1年間、委員会構成メンバーとし、選考にあたっては、合理的妥当性を勘案すること。

2．高齢者虐待が発生した背景を分析の上、発生要因、それに対する目標や達成時期、具体的方法等を明記した改善計画書を提出すること。当該計画の実施後、6月目を迎えたら、当該計画の進捗状況及びその効果について、1の委員会にて評価及び検証し、必要に応じて、改善計画の見直しを行うこと。

　　また、当該計画の実施期間終了時に、当該計画の効果について、委員会にて評価及び検証し、計画終了後における高齢者虐待防止の取組みを含めて総括すること。当該改善計画書には、「施設職員のための高齢者虐待防止の手引き」に基づき、全職員に自己点検シートを用いて自己点検を行い、その結果を分析し、改善計画に盛り込むこと。なお、改善計画書については、外部委員を含めた委員会にて承認を得ること。

3．高齢者虐待を防止する研修、認知症に関する研修及び身体拘束に関する研修等の取組みを、事業所内で全職員を対象に定期的（最低月1回）かつ継続的（最低1年間）に行うこと。また、全職員が参加できるよう配慮した研修計画を作成すること。

　　なお、研修計画については、1の委員会の承認を得たものを提出すること。今後、承認を得た研修計画に基づき行った研修結果について、3回目実施後、6回目実施後、9回目実施後、12回目実施後に記録（研修

受講者がわかるものを含む）を添付し、報告すること。研修を受講できなかった職員については、伝達研修を行う等、確実に研修を受講し、その記録（研修受講者がわかるものを含む）についても、あわせて添付し、報告すること。

　計画に基づく6回目研修の終了時に、研修に対する効果測定を行い、その内容を分析するとともに、より効果的な研修とするよう7回目以降の研修に反映すること。また、計画に基づく12回目研修の終了時に、研修に対する効果測定を行い、その内容を分析し、本研修計画に基づく評価を行い、総括すること。あわせて、その結果について報告すること。

4．養介護施設の設置者又は養介護事業を行う者は、養介護施設従事者等による高齢者虐待の防止等のための措置を講ずるものとされている。しかし、貴施設においては、「虐待防止委員会要綱」による体制整備があるも、通報先について職員が認識しておらず、高齢者虐待の防止等のための措置が講じられていないことが確認された。ついては、施設における「虐待防止委員会要綱」について、以下の事項を踏まえて速やかに改正し、施行されたものの写しを提出すること。なお、改正された当該要綱については、1の委員会の承認を得たものを提出すること。また、体制を整備した後、通報先等を全職員へ周知すること。※体制整備については、県作成の「施設職員のための高齢者虐待防止の手引き」を参照すること。

5．指定介護老人福祉施設は、従業者に対し、その資質の向上のための研修の機会を確保しなければならないとされている。しかしながら、今回発生した事案を通じて、研修を受講したことがない職員がいること、ケアマニュアルを知らない職員がいること、食事介助、服薬介助、移動介助を習ったことがない職員がいることが確認された。ついては、食事介助、服薬介助、移動介助を含めてケアマニュアルの見直しを行い、従業者に対して研修を受講させ、その資質の向上を図る体制を整備すること。

以上

　しかし、それでは遅かれ早かれ次の事件が起きることでしょう。実効性の
ある計画を立て、虐待の再発の抑止に繋がらなければ意味がないのです。
　「一度あることは二度目も起きる」と思うくらいがちょうどよいといえま
す。二度あってからでは遅いのです。もちろん、二度目はどれだけ提出資料
が立派なものであっても、行政は見逃してはくれないでしょう（仮に内心で
は施設に同情・共感してくれていても、立場上処罰せざるを得ないということも
あります）。実質的な意味で「結果がすべて」の世界なのです。
　「虐待という現象はあくまで表面的なものであり、実はその背後に複数の
原因が絡み合って存在している。根本的解決は容易ではない」と肝に銘じ取
り組んでいきましょう。
　なお、「自発性が重要」という意味では、もちろん改善命令を受ける前に
取組みを継続しているほうがよりよいことは間違いありません。読者の皆様
は、おそらくまだ改善命令を受けてはいないと思いますが、余裕のある今こ
そ虐待撲滅に向け、力を注ぐチャンスです。以下のポイントを参考に、事件
が起きる前にできることから取り組んでみてください。

2　目標を1つ定める

(1)　優先順位をつける

　改善命令を受けて、「よし、今日から生まれ変わろう！」と意気込むのは
結構なのですが、腕まくりをして原因分析・目標と計画立案……と進めてい
くと、いつの間にかあれもこれもと欲張り、総花的で曖昧なものになりがち
です。特に注意すべきは利用者の転倒等の、いわゆる事故に関するリスクマ
ネジメントまで計画に取り込んでしまうことです。なぜ、虐待と利用者の転
倒等の事故を一括りに捉えてしまうのでしょうか。虐待を防止しなければな
らないはずなのになぜか転倒防止策を一生懸命やっているというおかしな現
象を実際に見たことがあります。虐待が喫緊の課題なのであれば、事故対策
はひとまず脇におきましょう。
　事故と虐待の最大の違いは、「**虐待は基本的に人為的なものである**」とい

う点です。

　要するに虐待をする者の心理（本書ではこれを「害意」と呼びます）が引き起こすものですから、まずは職員一人ひとりに、なぜ虐待をしてはいけないかを深く理解してもらうことが大切です。そのうえで日常のケアにおいて、「利用者に対する害意の現れ」であるといえるケースに敏感になり、仲間同士で指摘し合う関係をつくっていくことが目標となります。

　一方で、事故は偶発的なものですから、虐待とは根本的に性質が異なるのです。特に施設では24時間マンツーマンで見守りはできない以上、転倒事故を100％回避することは物理的に不可能です。くれぐれも「虐待のついでに、転倒防止にも取り組もう」等と欲張らないようにしてください。皮肉なことに、真面目な人ほどこの思考に陥りがちです。

　虐待予防も広い意味ではリスクマネジメントの一環なので、その意味で考え方は共通するのですが、重要なことは**「優先順位をつける」**ことです。前項では「実際に再発防止に繋がるよう取り組まなければ意味がない」と書きましたが、では具体的に何を優先して取り組むべきでしょうか。

　それは、**「刑事罰相当の虐待事件だけは絶対に起こさない」**ということです。傷害罪や、場合によっては殺人罪等に問われるような「論外」の虐待事件だけは、何があっても阻止しなければなりません。

　当たり前のことですが、虐待と一言でいってもそこにはバリエーションや程度があります。虐待と名のつくものをすべて抑止することは急にできるものではありませんが、だからこそ「これが起きたらもう、うちの施設はおしまいだ」という最悪のケースをとにかく回避する、これだけに最初は集中して取り組むのです。

　刑事罰相当の事件といえば、平成26年の川崎市の有料老人ホームでの連続転落死事件を思い起こした方も多いことでしょう。この事件で被告人は地方裁判所において死刑を宣告されました（令和5年5月、死刑判決が確定）が、乱暴な言い方をすればこのレベルの事件さえ起きなければ、利用者の命と身体の安全さえ守ることができれば、他は後回しでよいのです。

　ちょっとした言葉の選択の誤りや、不適切なケア等をいちいち「虐待ではないか」と取り上げていてはきりがなく、より深刻な事態を見逃すことになりかねません。これは虐待対策に限らずすべてにいえることですが、どのようなときも常に「有限の時間と労力をどこに集中するか」を意識することが大切です。心理的虐待の予防に気を取られる一方で殺人事件が起きてしまえば、目も当てられません。

(2)　起こり得る刑事事件

　以下、重い順に、起きてはならない犯罪を列挙します。

---

① 　殺人罪（刑法199条）
　人を殺した者は、死刑又は無期若しくは 5 年以上の懲役に処する。

【事件 1 】
・　川崎市の介護付有料老人ホームに勤務していた介護職員が、平成26年11月 3 日から12月31日の間、 3 名の利用者をそれぞれベランダのフェンスから乗り越えさせ転落死させた事件（横浜地裁平成30年 3 月22日判決）。
・　介護付有料老人ホームの介護職員が、夜間勤務中、自力で立ち上がること等ができない入居者を浴室に連れ出し故意に溺れさせて殺害した事件（東京高裁令和 2 年12月10日判決）。

---

② 　傷害罪（刑法204条）
　人の身体を傷害した者は、15年以下の懲役又は50万円以下の罰金に処する。

【事件 2 】
　介護老人保険施設の介護職員が、利用者 2 名に対し頸部や胸部を圧迫する暴行を加えて肋骨骨折等の傷害を負わせ、うち 1 名を死に至らしめた事件（岐阜地裁令和 4 年 3 月 8 日判決）。

③ **不同意性交等罪**（刑法177条1項。令和5年に強制性交等罪から改正）

　前条第1項各号に掲げる行為又は事由その他これらに類する行為又は事由により、同意しない意思を形成し、表明し若しくは全うすることが困難な状態にさせ又はその状態にあることに乗じて、性交、肛門性交、口腔性交又は膣若しくは肛門に身体の一部（陰茎を除く。）若しくは物を挿入する行為であってわいせつなもの（……「性交等」という。）をした者は、婚姻関係の有無にかかわらず、5年以上の有期拘禁刑に処する。

④ **不同意わいせつ等致死傷**（刑法181条2項）

　第177条若しくは第179条第2項の罪又はこれらの罪の未遂罪を犯し、よって人を死傷させた者は、無期又は6年以上の懲役に処する。

【事件3】

　有料老人ホームの介護職員が、施設トイレにおいて入居者に対し同人の頸部を腕で絞めつけるなどの暴行を加え、その反抗を抑圧して同人と性交し窒息により死亡させた事件（甲府地裁令和4年10月20日判決、強制性交等致死罪）。

⑤ **業務上過失致死傷罪**（刑法211条）

　業務上必要な注意を怠り、よって人を死傷させた者は、5年以下の懲役若しくは禁錮又は100万円以下の罰金に処する。

【事件4】

　介護老人保健施設に勤務していた介護職員が、入所者に対し、シャワーで湯をかけてその身体を洗浄する際、湯温を十分に確認しないまま高温の湯を浴びせかけた過失により熱傷を負わせ、同人を熱傷から進展した肺炎、敗血症により死亡させた事件（静岡地裁平成24年4月20日判決）。

⑥　暴行罪（刑法208条）

暴行を加えた者が人を傷害するに至らなかったときは、2年以下の懲役若しくは30万円以下の罰金又は拘留若しくは科料に処する。

【事件5】

高齢者および障害者の共同住宅の責任者が、入居者である被害者（当時85歳）が両手を舐めまわし顔面を触る行為を防ごうとして口や両目をガムテープで塞いだ事件（山口地裁令和3年11月30日判決）。

「まさか、うちでこのようなひどい事件が起きるはずがない」と思われ、実感がもてない方もいることでしょう。しかしそれは、おそらく上記の事件の舞台となったすべての事業所の経営者が思っていたことであろうと思います。「決して他人事ではない」と強く認識することが大切です。

(3)　高齢者虐待防止法上の刑罰規定

一点、誤解されやすい点なので指摘しておきますと、いわゆる虐待をしたことによる刑罰（「虐待罪」なるもの）は存在しません。意外に思われるかもしれませんが、高齢者虐待防止法に定められる刑罰規定は以下のようなものになります（障害者虐待防止法も同様の規定があります）。

高齢者虐待防止法
29条　第17条第2項の規定に違反した者は、1年以下の懲役又は100万円以下の罰金に処する。

この規定は、虐待の通報等を受けた者が、正当な理由なしに秘密を漏らした場合に適用される刑罰です。

高齢者虐待防止法
30条　正当な理由がなく、第11条第1項の規定による立入調査を拒み、妨げ、若
　　しくは忌避し、又は同項の規定による質問に対して答弁をせず、若しくは虚偽
　　の答弁をし、若しくは高齢者に答弁をさせず、若しくは虚偽の答弁をさせた者
　　は、30万円以下の罰金に処する。

　この規定は、家族（養護者）による虐待を調査する目的で地域包括支援セ
ンター職員等が住宅に立ち入ろうとすることを妨げたとき、養護者に科され
る刑罰です。

⑷　刑法と高齢者虐待防止法との関係

　以上からもわかるとおり、例えば、施設職員が心理的虐待をしたことが明
らかになったとしても、その職員が当該事実だけを理由に逮捕されるような
ことはありません（名誉毀損罪や侮辱罪が成立する可能性はゼロではありません
が、実現可能性は乏しいといえるでしょう）。「通報」という言葉は重いイメー
ジがありますが、行政に報告されても直ちに警察が動く事態にまでは至らな
いのです。しかし、利用者に手を上げ、けがをさせたとあっては刑法上の問
題にもなり、被疑者とされた職員が逮捕される等一気に深刻な事態となりま
す。高齢者虐待防止法と刑法はパラレル（平行）に検討されるという認識を
もつようにしましょう。

3　第一歩は「宣言」

　虐待対策の最大の目的は「**利用者の命と身体の安全（性的な安全も含む）
を守ること**」です。「何のために虐待防止に取り組むのか」と問われて、「施
設（法人）を守るため」等と答えるのでは失格です。施設の存続を守ること
ももちろん大事ですが、こと虐待の問題に関して、それはあくまで利用者を
保護することによる反射的な効果にすぎません。何よりも利用者のことを優
先させなければ虐待問題の本質を理解したとはいえないのです。虐待に対す
る組織としての姿勢が問われているともいえるでしょう。

　では、そのように決意を新たにしたとして、まず何をすべきでしょうか。それはトップが組織の全員に向け、「利用者を傷つけ、命を奪うような虐待はいかなる理由があろうと絶対に許さない。私は大切な利用者を命懸けで守る」という断固たるメッセージを発することです。要するに刑事罰相当の虐待を起こすような組織は（その程度にもよりますが）高齢者や障害者にとって害悪であり、究極をいえば、そもそも社会に存在すべきではないのです。どれだけ歴史があろうと、それまでどれだけ地域社会に貢献してこようと関係ありません。

　特に、すでに刑事罰相当の虐待事件を起こしてしまった組織は、本当はもうとっくに解散すべきところ、情状酌量で辛うじて存続を許されたという厳しい認識をもたなければなりません。そのように心底懺悔し、文字どおり生まれ変わった決意をもって改善に取り組まなければ、早晩、日々の雑事に流され、元の体質に戻ってしまうでしょう。虐待事件を起こした職員1人を異常者扱いし、その者にすべての責任を押しつけ、わが身を省みることをしない組織も同様です。もちろん、実際にその職員が突出して異常である場合もあろうかと思いますが、重要なことは「なぜ他でもないうちの施設で、今回の事件が起きてしまったのか」を徹底して分析することです。

　当たり前の話ですが、虐待をしたくてこの仕事につく職員はいないはずです。もしいるとすれば、その傾向をいち早く見抜き、即刻排除しなければなりません。それを怠ったから取返しのつかない事件が起きるのです。他者に責任転嫁する姿勢を改めなければ、虐待の再発を防ぐことはできません。

　代表者のそのような意志を組織に伝え、浸透させる方法はさまざまですが、例えば、ホームページ上で決意表明する、職員への回付文書に記載し、その方針に同意する旨の署名を全職員から得る、就業規則に虐待防止規定を盛り込むといった方法が考えられます。なお運営基準の要請により、運営規程および利用者に交付する重要事項説明書には「虐待の防止のための措置に関する事項」を定めなければいけません。

4 虐待現場を目撃したら直ちに通報する

そのうえで、全体研修などで先にあげたような刑事事件の事例を取り上げ、リアルにイメージしてもらい、まずは行動を促します。それは以下の条文を取り上げ、「もし、明らかに刑事罰相当の虐待と思われる場面を目撃したら、直ちに行政に通報してください」と強調することです。

高齢者虐待防止法

（養介護施設従事者等による高齢者虐待に係る通報等）

21条1項　養介護施設従事者等は、当該養介護施設従事者等がその業務に従事している養介護施設又は養介護事業（当該養介護施設の設置者若しくは当該養介護事業を行う者が設置する養介護施設又はこれらの者が行う養介護事業を含む。）において業務に従事する養介護施設従事者等による**高齢者虐待を受けたと思われる高齢者を発見した場合は、速やかに、これを市町村に通報しなければならない。**

※太字は著者。障害者虐待防止法22条にも同様の規定があります。

これが高齢者虐待防止法で最重要の条文となります。これ以外は当座省略して構いません。メリハリが重要であり、虐待の類型等外枠となる部分を学ぶのは後回しで構いません。1から皆で条文を読むような悠長なことをしているうちに、第2の虐待事件が起きるものです。特に再発防止においては「スピードが命」なのです。

「事業所の使命は、何よりもご利用者一人ひとりの命と身体の安全を守ることであり、組織の防衛など二の次です。ご利用者の命が不当にも脅かされるようなことがあれば、最寄りの市区町村の介護保険課や高齢者支援課——通報先がわからなければ地域包括支援センターでもどこでもよいのでとにかく通報してください。相手が先輩だろうと上司だろうと関係ありません。そのような緊張感をもって取り組まなければ、虐待は予防できません」と説明しましょう。

5　死角をなくす取組み

　ただ、そうはいっても、実際には誰の目にも触れない死角や密室状態、職員がフロアに 1 人しかいないといった「目撃者がいない」状況は多く存在します。川崎市の 3 名転落死のケースは、誰も見ていない夜間帯に行われた犯罪でした。フロアごとに 2 名体制をとるといった相互監視体制が難しい場合も多いことでしょう。つまり、「発見した場合」は明るみに出るだけまだ「まし」であるといえます。

　しかし、施設として極力虐待を見逃さないための創意工夫や努力はできるはずです。「人が足りないから」という理由で何もしなくてよいということにはなりません。

　例えば、廊下やリビング等の共用部分に記録用カメラを設置する、着替えの際や入浴時等、定期的に利用者の全身や反応時の様子（怯えていないか等）を注意深く観察し、小さな異変も見逃さないという意識を現場に浸透させることが必要です。

　その意味で特に施設においては、死角になりやすい夜勤からまず着手すると効果的です。夜勤の実態は意外にも、夜勤をしない者や施設長、ましてや理事長ともなればその全容を把握できていないものです。例えば、一度、現場職員向けにアンケートを実施することで、現場の本音や問題意識を引き出すとよいでしょう（【コラム】37頁参照）。

　虐待が発生するのは夜間だけとは限りませんが、やはり圧倒的に他者の目が少なくなる夜の時間帯に、万が一の事態の発生を予防すべきといえます。このように光の当たりづらいところから光を投げかけ、丁寧に一歩ずつ改善を施していくことが王道であり、結局は虐待予防の近道なのです。

-------- 【コラム】　施設での夜勤に関するアンケート --------

　虐待と関係なく、どの施設でも一度は実践していただきたいのが以下の
ようなアンケートです。特に夜勤については施設の課題を考えるうえで盲
点になりやすいのですが、日勤と連続して日勤を裏から支えている、いわ
ば表裏一体の関係にあるといえるでしょう。業務の偏りや非合理的なやり
方など、いわゆる「無理・むら・無駄」をあぶり出すことで、日勤帯を含
む施設全体の業務の効率化・合理化が可能となります。

　以下は、ある特別養護老人ホームで実際に夜勤について実施したアン
ケートの項目です。この施設では原則２人体制をとっています。

（アンケート項目）

1. 仮眠・休憩時間は規定どおりとれていますか。

2. 仮眠場所としてどこを使用していますか。

3. パートナーとなる職員は、勤務時間中、特にすることがない手待ち
　時間の際、何をしていることが多いですか。

4. 夜勤に関する問題点・改善点をあげてください。

　状況によっては、よりダイレクトに「虐待が疑われるような出来事は見
聞きしていないか、虐待に結びつくような要因（いらいらする、極端に疲れ
る、業務過多と感じる等の原因となること）はないか」と尋ねてもよいかも
しれません。

　集計したところ、非常に興味深い情報が上がってきました。1について
は、概ね仮眠・休憩はとれており深刻な問題はありませんが、2について
は、スタッフのステーション、医務室や理美容室、フロアの隅という答え
までありました。理由はさまざまですが、1つずつ原因を探っていく必要
がありそうです。

　3については十人十色といったところで、委員会の仕事や日報の作成、
車椅子清掃など進んで仕事をする人もいれば、資格取得の勉強をしている

努力家もいました。一方で「ずっとスマートフォンをいじっている」「お菓子を食べている」という声もあり、これは勤務時間にふさわしくない行為であるため、正していかなければなりません。

　4についてが改善点の宝庫です。「日中の記録に記入漏れがあると困る」「朝のオムツ交換のスタートを早くするため、少しでも起床時間を早めたい。ゆっくり落ち着いて業務ができると思う」「起床から朝礼までが忙しく、余裕がない」「定時に帰れたことがない」「体位交換の記録簿の押印手順が非効率的」などの回答が寄せられました。

　これらすべてを一度に変えていくことは不可能ですが、一つひとつ、できることから確実に実践していきましょう。どんなに些細なことでも目に見えて改善すれば、現場職員は予想以上に驚き、喜んでくれるものです。自分の意見が通ったとなればなおさらです。そこに生まれるのは、大げさにいえば「未来への希望」です。職員が「この施設はどんどん良くなっている」と明るい展望をもってくれれば、「次のボーナスが出たら辞めよう」とは考えなくなることでしょう。

　虐待防止の観点からは、職員のストレスを軽減することを最優先します。朝はどこも忙しいものなので、起床時間を、例えば、5分だけ早めて様子を見る。それでも改善しなければ、6時から1時間だけ、助っ人としてアルバイトを雇うのも効果的かもしれません。方法は1つではなく、多種多様なアプローチが可能ですので、施設の全関係者からヒアリングし改善を進めていただきたいと思います。

第4章 虐待か否かの判断

1 判断に迷うケース

　次の問題として、いわゆるグレーなケースをどう扱うかという点があります。「虐待を発見次第通報せよ」と号令をかけたところ、次のような疑問の声が現場から上がったとしましょう。

> 「いつできたものかわかりませんが、利用者の身体に痣ができていました。その利用者は『職員にやられた』と言っていました。本人は認知症で、こちらとしては確証がもてないような場合はどうすればよいのでしょうか」。

　さて、どのように説明すればよいでしょうか。

　条文上は「虐待を受けたと思われる」場合には速やかに通報せよとあります（高齢者虐待防止法21条1項）。しかし、このような事実関係が不明瞭な場合まで、すべて組織として確認もせず一足飛びに行政に通報してしまってよいものなのでしょうか。

　実はここが最大の難問であり、考えどころなのです。

　虐待問題の核心は、この法律の定める「通報」システムのジレンマにあります。通報は利用者保護のため必要ですが、職員にとってみればいわば「仲間を売る」ことになり、どうしても心理的抵抗があります。また「被害者」である利用者が認知症であれば、事実誤認の可能性も多いにあります。このように何もかも通報すればよいというものではない、という問題があるのです。

　理屈上、条文を文言どおり解釈すれば、虐待と「思しき」ケースはすべて市町村に通報しなければなりません。そして行政としては、「事実経緯に不

明な部分があっても通報してください。事実調査から行政が行います」という建前をとります（とらざるを得ません）。

　しかし、実際には虐待の種類や程度もさまざまであり、事実認定の段階で判断が難しいケースも多々あります。さらには、通報する人の立場や、背景をなす人間関係も影響しています（ある職員から嫌がらせをされた仕返しに通報した、といった内部事情による場合もあります）。それにもかかわらず、現場で起きるあらゆる事件をいちいち行政に通報していたら、当然行政のほうもパンクしてしまいます。

2　キーワードは「自立」

　ここで原点に戻り考えてみましょう。法律は「何のために」行政に虐待を通報するよう求めているのでしょうか。

　それは、施設において本来あってはならない虐待が起きたときにその事実を速やかに把握し、適宜調査を行い、必要があれば改善に向けた指導等を行うためです。

　「では、施設が改善し、行政の指導が必要なくなれば、通報も不要ということになるのですか？」と問われれば、答えはイエスであり、それこそが本来あるべき姿なのです。要は虐待が起きない状態になればよいのであり、そのような施設は自分で考え、自ら課した課題をこなし、向上していけるだけの自律性を有しているといえます。

　いい換えれば、**組織として自立している**のです。

　行政が各事業所に対して望んでいることは、細大漏らさずあらゆる虐待に関する情報を報告してくれることではありません。一番の願いであり目的は、事業所が「自立していること」なのです。虐待との関係では、「自浄作用のある組織でいてくれること」となります。

　読者の皆様が施設の関係者だったとして、自分が行政の虐待対策部署にいると想像してみてください。連日のように通報が寄せられますが、「利用者が、ちゃんづけで呼ばれていた」「『お手て繋ぎましょうね』等と子ども扱い

されていた」といった、直ちに虐待と認定してよいかグレーなものもあれ
ば、「利用者が職員に殴られた」との通報を受け、現場に駆けつけてみると
実は根拠のないもので、施設内で対立する人間が相手職員を陥れるために
でっち上げた嘘であった……等、さまざまなケースがあります。

　中には、同じ人物が繰り返し通報を行い、オオカミ少年のようになってい
ることもあるでしょう。もちろん通報が日常茶飯事になっているからといっ
てこれを軽視してはならないのですが、現実に行政側もそのマンパワーには
限りがあり、管轄するすべての事業所に対し常時目を光らせ、完璧に対処す
ることは困難なのです。

　そうであれば、監督する側としては「深刻な事件に繋がりかねない虐待
は、組織内でもみ消されては大変だからすぐ通報してほしいが、軽微な事件
や事実誤認に時間をとられ、本当に対処が必要なケースが埋もれてしまうこ
とだけは避けたい」と思うことでしょう。さらにいえば「事業所のほうも、
もう少し自立してほしい。自分達で考え、判断する力を養い、不正が起きて
もそれを自ら戒め、改めていく浄化の力をもってほしい」と願っているので
す。

　つまり監督行政は、指導を通じて各事業所の「自立支援」をしているので
す。虐待がこれだけ問題視されていながら一向に減らない現状は、「利用者
に対し現場で自立支援をしている事業所自体が、実は一組織として自立でき
ていなかった……」というまさに皮肉な事態ともいえるのではないでしょう
か。

　そうであるならば目標ははっきりしています。組織として自立すればよい
のです。それはそう難しいことでも、お金や時間がかかることでもありませ
ん。その方法をより詳しく解説していきます。

　ところで先の事例については、次のように答えることが妥当でしょう。

　「『虐待を受けたと思われる※』とは、一般人の目からみれば虐待があっ
たと思うであろう場合をいいます。本件のように判断に迷う場合は、まず

上司に報告してください。その上司が解決に向けて動かないようであれば、躊躇なく役所に通報してください」。

（※「思われる」の解釈については、厚生労働省に確認したところ、その点に関する通知等は出されていないとのことでした。ここでは、同省が発出した児童虐待防止法に関する説明を参考としています）。

　ここで、上司というと人により立ち位置が異なり、また複数いるような場合にはわかりづらいこともあるため、虐待対応専用の内部機関を設置し、「そこにまず報告すること」と定めると、より行動が明確化され、実践しやすくなります。このような虐待対応専用の内部機関を虐待防止委員会といい、令和6年4月より設置が義務化されています。

第5章 虐待防止委員会の機能と役割

1 虐待防止委員会

(1) 役割

　組織が自立し、自浄作用を有するためには、これを実践するための内部機関が必要です。私たちの社会に自浄作用があるのは、社会の中に警察をはじめとする各種行政機関があり、法律をつくり出す立法機関があり、そして法律で事件を裁く裁判機関があるためです。

　これらの機関が、お互いに牽制し合いながら役割を果たしています。立法は時代の流れに応じて必要とされる社会全体のルールとなる法律をつくり、行政は法律に基づき、行き過ぎた行為や犯罪を取り締まり、司法は物事の是非を見極める基準を裁判という形で世の中に示します。このように次々に生じる問題を連携しながら解決していくことで、社会を時流に沿った形に少しずつ変質させているのです。

　それと同様に、一事業所、特に介護施設においてそのような機能を果たすための中立公正な独立機関が、令和6年4月から設置が義務づけられた虐待防止委員会なのです。要するに組織の中に、自前の立法・行政・司法機関を設けようということです。そのように説明すると大それたことのように思われるかもしれませんが、文字どおり3つに分けなければならないということもなく、正しく機能していれば十分です。それほど難しいことではないのでご安心ください（なお、国の指導内容については【コラム】（141頁参照））。

　通常施設における「委員会」というと、1人の職員が複数の委員をかけもちし、スケジュールの都合で連続開催したり、同種の会については合同で済ませてしまうこともあろうかと思います。前述したように、特に虐待の問題は事故予防のリスクマネジメントと同列とみなされてしまうことが多いため、リスクマネジメント委員会に埋没している組織も多いかもしれません。

　しかし、それでは肝心の虐待被疑事件が突如生じたときに対応しきれないのです。虐待防止委員会は、以下の機能を果たすためにも、まず常設である必要があります。また、構成メンバーもそう簡単に毎年のように入れ替わってはいけません。虐待への対応は知識と経験がものをいう世界であり、人を育てる必要があるからです。

(2)　機　能

【虐待防止委員会の機能】

1　ルールづくりと予防策（立法・行政機能）

(1)　虐待の認定と通報に関するルールの策定と普及

(2)　職員の教育・研修プログラムの策定と実行

(3)　職員の現場における観察眼を養うための施策の実施

2　最悪の事態への備え（行政機能）

・　刑事罰相当の事件を常に警戒し、現場を観察する

3　事件発生時の対応（警察・裁判所機能）

(1)　虐待等について、職員の相談・報告窓口となること

(2)　虐待の前提をなす事実経緯が不明な場合の調査

(3)　問題となる事実を虐待として認定するか否かの判断

(4)　虐待と認定した場合の、その深刻度の判断

(5)　虐待事件が起きたときの外部への対応

　委員会といえば、現場職員向けに研修を実施する程度のことしかしないイメージをおもちの方は、その機能の多さに驚かれたかもしれません。厳密には【コラム】（141頁参照）記載の国の指導項目を満たす必要がありますが、要約すれば①職員を教育し、②虐待に関する相談窓口を設け、③いざ虐待が起きたときは実態を究明し再発防止を徹底すればよいということになります。施設・事業所ごとの事情や組織構造、規模等に応じて、できることから柔軟に取り組んでください。

⑶　構成員

　なお、委員会の構成員としては、行政から改善命令があったときは弁護士等の第三者専門職をメンバーに入れることが通常要請されます。そうでない場合は特に制約はありませんが、役員、ベテラン、新人をバランスよく組み合わせ、事件について多角的に検証できるようにしましょう。人数はあまり多くては機動的に集まれないので、多くとも 6 名〜7 名以下がよいでしょう。そのうえで、できれば社会福祉士や弁護士等の第三者がいるか、自分達で判断しかねるときに意見を求めることができる体制を敷くことが望ましいといえます。

⑷　開催頻度

　開催の頻度は、平時であれば月 1 回、1 時間程度で十分でしょう。大切なことは、細く長く続けることです。事件が起きれば、都度臨時委員会を開催し、ケースごとに虐待の成否の判断や行政への通報決定等を行います。

　次に、虐待防止委員会の機能について重要な順に説明します。

2　虐待防止委員会の機能

⑴　虐待の認定と通報に関するルールの策定と普及

　まずは、虐待という事象の認識の仕方、遭遇したときの対処法を全職員に周知徹底します。伝えるべきポイントはこれまで解説してきたとおりですが、整理すると次のとおりです。

---

① 　虐待は本来あってはならないことであり、特に刑事罰相当の虐待事件は絶対に許されないこと。

② 　刑事罰相当の虐待事件を目撃した者は、行政に速やかに通報すること。

③ 　一方で、事実経緯が不明であったり、虐待と認定すべきか判断に迷うようなケースについては、虐待防止委員会（または、組織ごとに設定された報告窓口）に報告すること。

　そのうえで、委員会に持ち込まれた案件については委員会内でどのように認定するか（3　事件発生時の対応（警察・裁判所機能））についても、大枠となる対処法を決めておきます。

⑵　虐待防止委員会における事件処理の手順

　事件処理の手順としては、(A)重大性（通報の要否）の判別、(B)事実調査と認定、(C)問題となる事実を虐待として認定するか否かの判断、となります。(C)については重要であるため心理的虐待の認定を題材として、6章で解説します。

(A)　重大性（通報の要否）の判別

　まず、大まかに事件としての重大性を評価し、行政への通報の要否を判断します。例えば、①当該利用者の受けた被害の程度と、②当該行為の悪質性の2つのバロメーターから判断します。それぞれ5点配点とし、10点が最高値であり最も重大な事件といった評価です。合計点数が7点を超えた場合は直ちに行政にも通報し指示を仰ぐ、等と決めておきます（あくまで参考例であり、詳細は委員会ごとに決めてください）。

　②については、当該職員の普段の業務態度、過去に同種の事故が繰り返されていないか、当該職員と利用者の関係性等から総合的に判断します。

　報告を受けた初期の段階で、情報が不足しており判断しかねるという場合は、とりあえずこの点については保留ということで次の段階に進んでいただいて構いません。最初にこの要否を判断する目的は、「本来行政へ直ちに通報すべき事件だったにもかかわらず、委員会という名の下に事件を隠蔽していた……」といった疑いをもたれないようにするためです。判断に迷う場合は原則として通報する、あるいは行政担当部署に都度相談するようにしましょう。

　当たり前の話ですが、施設内に虐待防止委員会を設け、グレーな案件を集めるその趣旨は、先に説明したとおり、軽微なものから深刻な案件まで、**何でもかんでも行政に通報し、結果混乱をきたすことを避けるため**です。いい換えれば迅速かつ円滑に行政と連携するために「前裁き」の意味合いで内部

検証しているにすぎず、虐待防止委員会が事件の隠ぺいのために働くようなことがあってはならず、また独自の権限をもってはいけません。例えば、「虐待防止委員会が『虐待ではない』と判断した以上、他の職員は行政に通報してはいけない」といったことではもちろんなく、おかしいと思ったら誰でも構わないので行政に通報してよいのです。組織における機関は、硬直的になり当初の目的を見失った時点で終わります。

　現実社会では、ご存知のとおり三権分立による相互監視システムにより権力の暴走が抑止されていますが、虐待防止委員会は単一の機関なので自ら謙抑的であるよう努めることが必要となります。

　例えば、「職員がご利用者を殴っている様子を目撃した」といった、明らかに身体的虐待と認定される事件であれば、①②ともに5点の合計10点であり、文句なしに行政に通報しなければなりません。

　なお、もし現実にこのレベルの事件が起きたのであれば、本来は発見者である職員本人が行政に通報しなければならないはずです。もっとも、発見者本人にとっては、それがどうしてもためらわれ、まず虐待防止委員会に届け出た、という心境だったのかもしれません。ですから、報告してくれた職員に対してそのこと（直接行政へ通報をしなかったこと）を責めてはいけません。最終的に行政が知ることができれば、誰が通報しようと同じことだからです。

　身体的虐待に該当し得るけがをしたとしても、その態様が単なる介助ミスといい得るような場合には、「現時点での報告から①については4点、②については2点、合計点数が6点なので判断が難しいところ。当該職員に詳しく聴取りを行い、その結果をみて判断しよう」といった具合です。

　もっとも、ここの評価の部分をあまり精緻につくり込み過ぎるとかえって混乱し、虐待防止委員会としての迅速な意思決定が疎外されるおそれがあります。利用者の人権と生命・身体を守るというシンプルな観点から、まず大まかに要通報事案か否かを判別するようにしてください。

⒝　事実調査と認定——虐待の前提をなす事実経緯が不明な場合の調査

　第一報では「職員がご利用者の胸倉をつかんで揺さぶっていた」というものであったとしても、当事者や目撃者からよく話を聞いてみると、「利用者が突然自分の首を絞め、自殺しようとしたのでやむを得ず両手を引き離そうとした」といった事情が出てくるかもしれません。遠目では叩いたように見えても、実は近寄ってきた蚊を追い払おうとしただけだったかもしれません。初期段階で事実誤認をしないことは重要です。

　ポイントは、以下の2つの視点です。

---

　①　当該職員がどのような目的で何をしようとしたのか。

　②　「利用者が受傷した」という事実が存在するとしたら、それは①の職員の行為によるものと断定できるか。

---

　①については、主に当該職員からヒアリングを集中的にすることで自ずと状況がみえてくることでしょう。その際、調査をする側が「あなたは虐待をするつもりだったのだろう」等と相手を決めつけて尋問してはいけません。刑事手続の鉄則として**「疑わしきは罰せず」**（疑わしいといい得るにすぎない段階、刑事裁判で刑が確定していない段階では被疑者を犯人として扱ってはならない。次頁⒜参照）という言葉がありますが、これは人権保障のための概念ですから本件のような調査にも当然あてはまるものです。

　②については、筆者が過去に経験したもので非常に悩ましいケースがあります。ある障害者の共同生活施設で、「一晩で3名の利用者が、頭部の同じ個所（右瞼からこめかみにかけて）に擦り傷のようなけがをした」といった不可解な事件が起きました。それぞれの利用者は夜間でも自由に動けますから、自分で歩いた際にバランスを崩し、その拍子に何かにぶつけたのかもしれません。しかし、一晩で3人もとなると通常ではさすがに考え難いことです。夜勤職員には全員詳しく当時の状況をヒアリングしましたが、手がかり

はつかめず誰も怪しいところはない、ということでした。

　このように、そもそも①に該当する原因となる行為が全く不明な場合は、無理に職員から虐待をしたという事実を引き出すこともできませんから、虐待防止委員会として残されたできることは行政にありのままの状況を報告・相談することです。これがもし１人だけの受傷であれば単なる事故の可能性も否定しきれませんが、３人もとなるとやはり異常性を感じさせるため、行政に報告しておいたほうが望ましいであろう、という判断です。

　その上で、【コラム】（37頁参照）のような全職員へのアンケートを実施したり、廊下やリビング等に見守りカメラを設置する等、もし、本件受傷が虐待によるものだったときに備え、今の時点で考え得る再発防止策をすべて実施しましょう。

　その際、例えば、１人だけ容疑の高い職員がいたとして、緊急措置としてその者を夜勤から外すことは問題ないでしょうか。「自分は夜勤で稼ぎたいのに、なぜ外されるのですか？　自分を虐待者と決めつけているのですか」と反駁されたらどのように答えればよいでしょうか。ここで、基軸となる考え方をあらためて説明しましょう。

　(a)　疑わしきは罰せず

　「疑わしきは被告人の利益に」ともいいます。「疑わしい」という理由だけでは人は有罪とされることはなく、無罪とされなければならないという事実認定における大原則です。実際の警察での取調べや刑事法廷ではこの原則が厳格に運用されますが、これは民間の場面でも同様であり、何かペナルティを科せられるときには、その原因となる行為をしたと確実にいえる場合でなければなりません。

　虐待認定の場面でも同様であり、「消去法でいくとあの職員しかできない犯行だから」「普段から目つきが悪くあいさつもしないから」といった理由だけでその人がやったと決めつけてはいけません。さらにいえば、もし、その職員が実際に過去に何かしらの虐待行為をしたという「前科」があったとしても、だからといって今回の事件もやっただろう、と憶測で決めてはいけ

ないのです。

　ですから聴取りは慎重に進める必要がありますが、一方で腫物に触るような対応で終わらせ、結局現実に同じこと（利用者に対する虐待行為）を繰り返させてもいけません。

　そこで、施設側としては苦肉の策として暫定的に夜勤から外そうとしたわけですが、「疑わしきは罰せず」ですから、「あなたは現状、虐待の犯人である疑いが一番強いから、しばらく現場から離れてもらう」等と思っていることをそのまま告げるわけにもいきません。理由としては、あくまで別の正当な論拠（夜勤者が余っており、勤務が不要になった等）を立てる必要があります。

　(b)　労務問題としての側面

　一方で、その職員にも生活がありますから、今まで入っていた夜勤を減らされてはその分、収入が減り困ることになります。労働者としての立場からは、「合理的根拠なく現在、労働者として享受している地位や利益を不当に減らされない」という権利があるといえ、そのような不当な処分はいわゆる「不利益処分だ」と主張することが可能です。

　このように、虐待問題であっても労務トラブルに繋がりかねないことは他の事故形態と同様であり、人が起こす事象である以上、宿命なのですが、雇用主側である法人、ひいては虐待防止委員会のメンバーは注意が必要です。

　例えば、虐待疑いの事件に端を発する異動等の処分について、不満をもった職員が労働基準監督署や労働委員会のあっせん（中立の立場にある第三者委員会を介して、雇用主側と被用者側とで話合いを行う）等を申し立てたりすると、さらに問題が別の形で外部に飛び火することになりかねません。

　「夜勤カットも難しい、かといってこの職員を今までどおり放任するわけにもいかない」というときは、当座その職員への観察を怠らないことや、信頼できる他職員を夜勤パートナーとして組み合わせる、より詳細な報告書（日報）を提出させるといった措置が考えられます。

第6章 心理的虐待の認定

1 問題となる事実を虐待として認定するか否かの判断

外形的事実がはっきりしているケースで、職員の当該行為を「**虐待**」として**認定すべきか否か**という問題です。

この点にそもそも問題意識をもたない方も案外多いかもしれませんが、実務ではここが極めて重要なポイントになってきます。例えば、次のようなケースでは皆様はどのように考えるでしょうか。

【事例1】

　特別養護老人ホームのユニットケアにて。ある職員が、全介助の利用者が車椅子から立ち上がろうとしたため「危ない、動かないでください！」と大声を出した。その職員自身、焦っているようだったが、声がフロア中に響き渡り、他の人たちも何事かと振り向くほどであった。その利用者は怯えている様子だった。

考え方・対応の指針としては主に以下の2とおりがあげられます。

---

①　これはいわゆる「心理的虐待」にあたるから、当然虐待として処理しなければならない。

②　心理的虐待といい得るが、利用者の生命や身体の安全に直接危害を及ぼすものとまではいえず、教育により再発を予防する方針で臨む。この職員を教育し、考え方や行動が改められるかをみてみよう。

「えっ、こんなの心理的虐待に決まっているじゃない。逆に虐待認定しなかったら組織的隠ぺいと言われるのでは？」と思われた方もいることでしょ

う。確かに、①の方針も十分「正しい」といえるのです。しかし、現実にこうした事象をすべて正式に虐待と認定し続ければ、毎回行政に通報し、指導を仰ぐことになり、組織としての自立はいつまでたっても実現しないことでしょう。

(1) 心理的虐待の認定は難しい

心理的虐待は、高齢者虐待防止法上次のとおり定義されています。

> 高齢者虐待防止法
> （定義等）
> 2条5項1号ハ　高齢者に対する著しい暴言又は著しく拒絶的な対応その他の高齢者に著しい心理的外傷を与える言動を行うこと。

「著しい」という言葉が著しく（？）並んでいるようですが、さて、本件にあてはめた場合、心理的虐待は本当に成立するのでしょうか。厚生労働省老健局（平成18年度。令和5年3月改訂）「市町村・都道府県における高齢者虐待への対応と養護者支援について」（以下、「厚生労働省マニュアル」といいます）には、次のような具体例があげられています。

> ・　威嚇的な発言、態度（怒鳴る、罵る）
> ・　高齢者や家族の存在や行為を否定、無視するような発言、態度（「意味もなくコールを押さないで」「なんでこんなことができないの」）

本件に直接該当する事例はありませんが、強いていえば「怒鳴る」に該当し得る、といえるでしょうか。

車椅子から立ち上がろうとする利用者に、不意に「動かないでください！」と大声を出し制止しようとすることは、確かによいことではありません。「暴言」とは違いますが、最後の「高齢者に著しい心理的外傷を与える言動」に該当するといえそうです。

　どのようなことがあろうと職員が利用者を怒鳴りつけるようなことがあってはならず、今回のような場合は、声で制する代わりに近くまで行き「動くと危ないですよ」等とやんわりと声をかけながら体に触れ、注意を引くといった対応が望ましいといえます。

　しかし、それはあくまで理想論であり、「人員が限られている現場では瞬時にその利用者のもとまで行くこともできず、危険防止のためにはやむを得なかった」という事情があったかもしれません。実際にこの声を出した職員は、ヒアリングを受けてもそのような弁明をすることでしょう。

　一方では、利用者に大声を出し、怯えさせたという利用者保護の見方があり、他方では、立ち上がり転倒するリスクを回避するためやむを得なかったという利用者安全重視の見方があります。虐待防止委員会（施設運営法人）としては、どのような考え方、判断の仕方をすればよいのでしょうか。

(2)　外岡流・虐待認定方法

　これが唯一絶対の答えというわけではありませんが、筆者の考える虐待の認定方法を以下ご紹介します。

　まず、出発点として、先にみたとおり高齢者虐待防止法に記載されている各種虐待の「定義」は実は非常に曖昧であり、心理的虐待でいえば「何を」「どのような状況で」「どのようにいえば」条文記載の「著しい」に該当するかは、何の手がかりもないのが実態です。

　そこで実際に悩ましい事例に遭遇したときは、以下の観点から総合的に判定するのがよいでしょう。

---

①　当該言動の内容、頻度、程度（害意の現れと評価できるか）。

②　なぜ、職員はその言動をとったのか（動機）。

③　その言動をとる必然性が認められるか。

　基本的な考え方として、虐待か否かは当該言動を外形的にみるだけでは判断できません。28頁以下にも書きましたが、「虐待は基本的に人為的なもの」

であり、虐待をする者の心理（「害意」）が引き起こすものです。そうであれば、「利用者に対する害意の現れ」であるといえるケースこそが、虐待と認定されるべきケースといえます。平たくいえば、**利用者を理由なく痛めつけ、怖がらせ、危害を与えてやろうという悪く邪よこしまな心があれば、それは虐待と認定されるべきなのです。**

　これは筆者のとるスタンスであり、反論もあり得るところです。例えば、虐待というものは、虐待をしている本人が「無自覚」でも成立するものです。本人に悪気がなかったとしても、外形的にみて利用者に危害を加えるような行為は虐待と認定し得るのです。そうしなければ、「知らなった」「気がつかなかった」がまかり通ることになり、利用者を保護することができません。

　しかし、**人は「教育」で変わることができます。**一度の指導や教育で生まれ変わるような劇的な変化は期待できずとも、何度も繰り返し注意喚起をすることでよい方向に少しずつ変化していくことが期待できるのです。確かに、利用者の人権を守るという観点は重要です。しかし、筆者は、現場で職員の数が圧倒的に不足している状況に鑑みるならば、一度の無意識による不適切行為をことさらに「虐待」として大ごとに捉えるよりは、なぜいけないのか、どうすればよかったのかを考えさせ、同じ過ちを繰り返さない方向に指導していくことが建設的であり効果的であると思うのです。

　話を戻して、【事例 1】（51頁参照）を先の項目にあてはめてみましょう。

① 　当該言動の内容、程度、頻度——害意の現れと評価できるか

　　まず、内容は、利用者に対し「危ない、動かないでください！」と大声を出したというものでした。程度に関してはそのときの声の大きさや怒気、いらいらする気持ちが現れていたかなどを、当該職員および他の職員から聴き取ります。本件では他の利用者も振り返り、言われた利用者も怯えていたということですから、かなりの大声であったと推測されます。頻度は、普段からこの職員は当該利用者または他の利用者にも大声を出し、驚かせるようなことをしていたのか、という観点です。これについても職員らから聴き取ります。

② なぜ、職員はその言動をとったのか——動機

「利用者が車椅子から立ち上がろうとしたため」ということでした。つまり、この職員は、利用者が自力で立ち上がろうとした瞬間にバランスを崩し転倒するような事態を恐れ、事故を予防するために咄嗟に「動かないでください」と言ったことが考えられます。

③ その言動をとる必然性が認められるか

難しいところですが以下のような観点から総合的に判断するほかありません。

ⓐ もし職員が大声で制止していなかったら利用者は転倒していた可能性が高いといえるか。

ⓑ 職員はなぜ大声で制止するという方法を選択したのか（やむを得なかったのであればその理由）。

ⓒ 他の職員らはその利用者の立上がりに対してどのような対応をしてきたか。

もし、その利用者が普段から立上がり動作が多く転倒リスクが大きかったというのであれば、リスクマネジメントの観点から対策が必要となります。場合によっては一時的にベルトによる身体拘束が必要な場合もあるかもしれません。なお、身体拘束については別途解説しますが（第12章参照）、「身体拘束＝悪」という思込みは極端といえます。現場において「禁じ手」として封印するのではなく、利用者の人権保障と安全保護のバランスの観点から柔軟にその可能性を検討することが重要です。

2 虐待が疑われる職員への接し方

ヒアリングの結果、本件では「当該職員はヘルプでたまたまそのフロアに入っていたところ、利用者が全介助であったにもかかわらず不意に立ち上がろうとしたため、慌てて大声を出してしまった」という事情があったとしましょう。もし、そうであれば、利用者に向けて大声を出すという点はよくない対応であったことを伝え、以後、慌てても大声を出さないよう注意しても

らうよう指導することが考えられます。例えば、次のような話し方が参考に
なります。

　　「そうでしたか、利用者が目の前で立ち上がろうとして、危ないと思っ
　て思わず声を上げてしまったということですね。でも、急に大声を出され
　たら人は誰だって驚いて怖い思いをしてしまいますね。もし、あなたが○
　○さん（利用者名）の立場だったとして、自分が動きたいなと思って何の
　気なしに車椅子から立ち上がろうとしたところ、突然「動かないで！」
　なんて怒鳴られたらどのような気持ちになると思いますか？
　　やっぱり怖いですよね。利用者の安全を守ることはもちろん大切です
　が、一方で利用者一人ひとりには自由に行動し生活するという自由があ
　り、人としての尊厳があります。あなたも当然、そのことは理解していま
　すよね？　次からは、どうすれば利用者の尊厳を守りつつ安全を確保でき
　るか、という観点から落ち着いて対処できるように考えてみてください。
　もし、今回はフロア自体に慣れておらず○○さんのこともよく把握できて
　いなかったということであれば、きっと同じことは繰り返されないと思い
　ます。転倒というリスクに絞っていえば、一度リスクマネジメントの会議
　を設けてもいいかもしれませんね」。

　このように「疑わしきは罰せず」の意識をもって、相手を悪者にしないよ
う配慮しながらよりよい方向に導く意識で話を進めていきます。
　一方で、もし、この職員が普段から他の利用者にも大声を出していて、態
度も何かと横柄だといった場合はどうでしょうか。そのときこそ、雇用主側
としては毅然と対応しなければなりません。自分の行動を全く疑問視せず、
反省もしていないという姿勢はヒアリングをとおして自然と浮かび上がって
くるものですが、もし、反省の色がみられないということであれば、以下の
ような話し方が考えられます。

「あなたは利用者の安全を守るためには仕方がなかったと言いますが、他の職員から聞いたところによると今回のように大声を出すことが日常茶飯事になっているそうですね。ですが、他職員であなたのように利用者に大声を出す者はほかにいないとも聞きました。そうするとあなただけが、特に利用者に向かって怒鳴ったり大声で威圧するといったことを繰り返しているのではないかと思われるのですが、実際のところはどうなのですか」。

このような問いかけに対し「自分は怒鳴ったり威圧するようなつもりは毛頭ないし、自分のように利用者にかかわる職員がいなければ事故が増えてしまう」等と言い訳する場合には、以下のような話し方が考えられます。

「事故を防ぐことはもちろん重要です。ですが、事故さえ予防できれば利用者をどのように扱ってもよいということにはなりません。利用者は犬や猫ではないのです。あなたと同じ一人の人間であり、人格というものがあるのです。ましてや人生の大先輩なのですから、私たちは利用者一人ひとりに対してどのようなときも敬意をもって接し、その尊厳を守らなければなりません。

あなたのように、何かあれば大声を出して利用者の動きを封じ込めようとすることは、相手に敬意を払っているといえますか？　まるでペットに対するような接し方ではないでしょうか。大声を出せば周りも何事かと驚き、施設全体の空気も悪くなります。そういった空気の中で、徐々に「利用者に対しては何を言ってもどんな態度で接しても構わない」といった堕落した働き方が広まってしまうものなのです。

さらにいえば、あなたが日頃から安易に利用者を怒鳴りつける行為は、高齢者虐待防止法上の「心理的虐待」に該当するともいえます。法に従うならば、本来はあなたの行為を虐待として市区町村に報告しなければなりません。そのことについてはどう考えていますか」。

　当該職員が、反省しているようであれば、以下のような話し方が考えられます。

> 　「そうであれば、今一度チャンスを与えますので、様子を見たいと思います。今日限り、利用者に対して大声を出さないことを約束してください。もし、同じことが繰り返されたときは直ちに虐待として通報しなければなりません。よろしいですね」。

　いかがでしょうか。概ねこのような流れになりますが、相手の態度や認識により全く接し方を変えていることがおわかりいただけたかと思います。後者（反省がみられないケース）では、虐待という言葉はあえて最後の方に出しその重みを伝えようとしています。

　例えば、世の中には講学上の概念として「スピーチロック※」（大声等で声がけをすることにより相手の行動の自由を奪おうとすること）という言葉がありますが、だからといって「スピーチロックはいかなる場合でも虐待にあたるのでやってはいけません」等と杓子定規に決めてしまうのでは真の問題にいきつくことはできません。アルコール・ハラスメント（アルハラ）、アカデミック・ハラスメント（アカハラ）等、○○ハラスメントという言葉は濫造されている感がありますが、言葉が独り歩きするのでは意味がないのです。これまでみてきたように物事の背景にある人間関係や必然性、頻度等を総合的に分析し、要するにその職員に利用者に対する「害意」があったのかを見抜くことが大切です。

　「人をみて法を説く」という言葉がありますが、相手の理解度や反省の度合いに応じて、問題点を悟らせる指導の仕方を工夫してみてください。

※　厚生労働省（身体拘束ゼロ作戦推進会議）「身体拘束ゼロへの手引き」（2001年3月）（以下、「厚生労働省手引」といいます）の中で列挙されている具体例には含まれず、他に根拠となる公的資料は見当たりませんが、身体拘束の効果がみられる以上、違法な身体拘束、イコール身体的虐待とみなされる可能性が高いといえます。

第 7 章　その他の虐待類型の考え方

　心理的虐待以外の場合はどのように考えるべきでしょうか。基本的には心理的虐待と同じであり、当該行為の背景に利用者に危害を加えようという害意が認められるか否かで判断すべきです。以下、それぞれにつき簡単に解説していきます。

1　身体的虐待

(1)　定　義

　身体的虐待とは、「高齢者の身体に外傷が生じ、又は生じるおそれのある暴行を加えること」と定義されています（高齢者虐待防止法 2 条 5 項 1 号イ）。

　利用者の身体を殴って痣ができ、あるいは骨折させるようなことがあれば、身体的虐待が成立することは間違いありません。

　そのような場合には、暴行罪（刑法208条）や傷害罪（同法204条）も成立し得、刑事事件として並行して処理されることになります（30頁以下参照）。傷害罪については明らかに利用者にけがを負わせるという結果が生じているため認定も容易な場合が多いのですが、暴行罪については幅が広く「こんなものまで？」と驚くケースもあるため注意が必要です。第 1 部の事例でも、職員が「利用者の身体を両腕でつかんで引っ張り起立させ、頭部および左大腿部を手で叩いた」という理由で起訴されました。特に、障害児に対して、しつけや教育の一環のような意識で軽く叩くようなことをする職員には厳重な指導と注意が必要です。当然ながら、一般的に、通常の子どもと障害をもつ子どもは対応の仕方が異なるのです。（もちろん、障害児以外の子どもに対しても児童虐待が成立する可能性はありますが）その点をわきまえ個別に対応できることがプロの条件であるはずです。

(2)　具体的事例

　例えば、次のような場合には、身体的虐待は成立するでしょうか。

> **【事例 2】**
> 　全介助の利用者の入浴介助を終え居室に戻り、車椅子からベッドへのトランス（移乗）介助の際に、利用者の身体をベッド上に乱暴に投げ出した。

　参考までに、厚生労働省マニュアル「Ⅰ　高齢者虐待防止の基本」には次のような具体例があります。

> ・　介護がしやすいように、職員の都合でベッド等へ押さえつける。
> ・　車椅子やベッド等から移動させる際に、必要以上に身体を高く持ち上げる。

　これも悩ましいケースですが、やることは基本的に心理的虐待と同じであり、外岡流・虐待認定方法（53頁参照）に沿って調査を進めていきます。害意があるか否かという観点からは、表面上は移乗介助をしているにすぎないため、実際にどのようにベッド上に「投げ出し」、その結果、利用者はどうなったのか（けがをしたり呻き声をあげるようなことがなかったか）、また、その行為をした後の当該職員の態度（冷たく見下ろしていた、あるいは慌てて利用者の身体の安全を確認しようとした等）を中心に調べることになります。
　参考までに調査メモの一例を示しましょう。

> ①　当該行為の内容、頻度、程度──害意の現れと評価できるか
> 　　職員Ａが利用者を1人で抱え上げ、居室のベッド上に「ボン」と投げ出し座らせた。その瞬間、利用者が「痛い」と言った。その様子を、同室していた別の職員Ｂが目撃した。
> 　　移乗の方法は、まず、車椅子をベッドから斜め45度の位置につけ、利用者の両脇に両手を差し入れ中腰の体勢になり、そこから掛け声を

かけ一緒に立ち上がった。その状態から利用者とともに体を少しずつ反転させ、ベッドに腰かけてもらった。その際、職員Ａが立ち上がった状態から両手をパッと離したため、利用者は放り出された格好になりベッド上に斜めに尻餅をつくように落下した。一連の動きは比較的早く、声かけはしていたが利用者がついていけていない様子でもあった。職員Ｂは車椅子が動かないよう押さえる役割を担当していたが、Ａの行為は乱暴な介助ともいい得ると感じた。

　移乗後、利用者はベッドにぶつけた部分を痛そうにさすっていた。ところが、職員Ａはそれに気づかない様子で利用者を仰臥位で寝かせようとしたので、職員Ｂが声をかけて止め、「おけがをしているかもしれないので、一度看護師に看てもらいましょう」と言った。職員Ａは「そんなことを毎回していたらいつまでたっても全員の入浴が終わらない」等と不満を口にしていたが、渋々ながらも従った。看護師が看たところ、骨折や打撲痕などは見当たらず、利用者から痛みの訴え等もなかったが、利用者は「高いところから落ちて怖かった」と言った。

② なぜ職員はその行動をとったのか──動機

　職員Ａにヒアリングした結果、Ａは特に自分の介助方法に問題があるとは認識していなかった。他の利用者に対しても、高いところから急に手を離すといった不適切な介助をしていたことが判明した。

③ その行動をとる必然性が認められるか

　前項のような不適切な介助をとる必然性は認められず、まず移乗のやり方について研修を受けさせることが必要。そのうえで改善がみられないようであれば、現場を外れてもらう等、さらなる措置が必要と考える。

　もし、利用者が明らかに本件の結果、骨折等のけがをしたといえる場合には、当該職員の反省の度合いにもよりますが、「利用者がけがをしても構わ

ない」と思ってやった等悪質性が高い場合には、身体的虐待と認定する必要があるものといえます。

　このようなケースでは当該職員は、介助が乱暴であったことを認めつつも「焦っていた」「バランスを崩してしまった」あるいは「それほど乱暴に投げ出したつもりはない」等と何かしら弁明することが考えられます。そうなると目撃した職員や利用者本人等からヒアリングした結果で判断せざるを得ない場合もあるでしょう。もっとも、トランス（移乗）は基本的な介助方法ですから、普段その職員がどのような介護をする傾向があるかを調べていく中で、その職員の問題点は自ずから明らかになっていくものと思います。

2　ネグレクト──不作為による虐待

(1)　定　義

　ネグレクトとは、「高齢者を衰弱させるような著しい減食又は長時間の放置その他の高齢者を養護すべき職務上の義務を著しく怠ること」と定義されています（高齢者虐待防止法2条5項1号ロ）。

　文言だけみると、介護施設でこのような「長時間の放置」等が起こるとは想像もつかないかもしれません。しかし、この規定の仕方もよく考えてみれば極めて曖昧です。例えば、現場である利用者を1時間看ない状態が続けば「長時間の放置」となってしまうのでしょうか。1時間では「長時間の放置」にはなり得ないというのであれば3時間、それとも5時間？……そこに明確な境界線はないのです。後段の「高齢者を養護すべき職務上の義務」というのも、非常に広範であり具体的に何をどこまですべきかはケースバイケースということが多く、判断に迷うところです。

(2)　具体的事例

　例えば、次の様な場合に、ネグレクトは成立するでしょうか。

【事例3】
　夜間トイレに何度も行こうとする認知症の利用者。毎回ナースコールで

呼び出され、いらいらした職員は、徐々にコールを無視するようになり、
2回に一度、3回に一度と応対する頻度が減っていった。利用者はコール
ボタンを押しても職員が来ないため不穏になったが、やがて諦めるように
なり、コールの回数自体が減っていった。

　厚生労働省マニュアル「Ⅰ　高齢者虐待防止の基本」には次のような具体
例があります。

- ・　ナースコール等を使用させない、手の届かないところに置く。
- ・　必要なめがね、義歯、補聴器等があっても使用させない。

　コールに出ないという対応も、ネグレクトに相当するといえそうですが、
グレーゾーンも広いためどう対処してよいか悩ましいですね。
　まずは情報収集に努めましょう。
　この職員に聴取りをすれば、「でも仕方がないんです！　他にもケアが必
要な利用者がたくさんいる中で、○○さんだけを特別扱いはできません」等
と不満や正当化の言葉が噴出するかもしれません。このように、忙しくぎり
ぎりの環境下で完璧な対応ができないという状況はよくみられるものです
が、指導する側としては理想を押しつける形になっても、あるいは逆に現状
を追認し、何でも「仕方ない」で済ませることもいけません。まずは相手職
員の立場や思い、不満に耳を傾け、共感の意を示したうえでより高い次元へ
導くよう意識しましょう。
　例えば、次のような話し方が考えられます。

　「その気持ちはよくわかります。特に先週は、もう一人の職員が風邪で
休んでしまい、たった1人でフロアを看なければならず大変だったことと
思います。いつも頑張ってくれてありがとう。あなたがいてくれるおかげ
で、施設の夜勤が無事まわせています。

　でも、そんな中で 1 つ考えてほしいのが、『どうすれば利用者が安全で幸せでいられるか』ということなのです。○○さんは頻尿だけどオムツは嫌ということなので、トイレ誘導の回数も多くなり手間と時間が特にかかってしまうことと思います。あなたは、この問題をどう解決すればよいと思いますか」。
──オムツにせざるを得ないと思います。
　「それもいずれ必要になってくるかもしれないけれど、その手前の段階として、まずは『皆で話し合う』ということができますよね。当たり前のことだけれど、これが重要だと思うのです。まずは同僚や上司に相談し、仕事に大きな支障があるようなときは我慢せず教えてください。すぐに解決できないときもあるかと思いますが、介護はチームワークですから、どんな問題もまずは皆で共有し、ともに考えることが大切です。自分たちで答えが出なければ、家族にも遠慮なく相談し一緒に考えていただきましょう。最後は家族にしか決められないことも多いはずですから。
　これからも同じような問題や苦難があるかと思いますが、どうか 1 人で抱え込まず、解決しようとしないでください。
　もし、1 人で問題を抱え込んでしまうと、人間の対応力には物理的に限界があるから、どこかで破綻してしまうおそれも出てきます。毎回コールがあっても必ずしもその全部につき対応しなければならない必然性や緊急性はないかもしれませんが、利用者としては必要性があると思っているからコールしているのであって、それにあえて応じないでいると利用者はやがてボタンを押しても無駄だと思い、スタッフを呼び出すことを諦めてしまうようになるかもしれません。そんなとき、利用者はどのような心境だと思いますか」。
──残念、悔しい、悲しい等の思いをすると思います。
　「そうですね、色々な感情があるかと思いますが、私が一番よくないと思うのは、利用者が生きること自体に『絶望』してしまうことではないかと思うのです。コールぐらいで大げさなと思われるかもしれませんが、利

用者にとっては死活問題です。いい換えれば私たち職員や施設全体に対する信頼ともいえますが、この信頼を最低限守っていくことが、利用者の精神的安定や充足感に繋がっていくのではないでしょうか」。

──わかっています。だからこそ私だって○○さんのコールに出られないときは申し訳ないという思いもあるし、本当はすべてのコールに対応してあげたいのです。時間もなく厳しいですが、何とか思いに応えられるよう努力はしているつもりです。

「それは素晴らしいことであり、誰もができることではありませんね。○○さんの気持ちを考えてくれてありがとう。でもこれからは、繰り返しになりますが1人で抱え込まないでほしいのです。完璧な人間なんていないのですから、他の職員も○○さんについては多かれ少なかれ同じ問題意識をもっていることと思います。どうすれば忙しい夜勤の中で○○さんに対して効率的かつ信頼関係を維持しながらケアができるか、近いうちに一度、臨時のカンファレンスを開催しましょう」。

　このように、極力「虐待」という言葉は口にせず、まず1人で抱え込まず何でも相談してほしいと伝えることで、相手職員に安心してもらうことがポイントです。矛盾するようですが、頭の片隅では常に虐待の可能性と問題意識をもちつつ、それは最後の手段として何とか職員をよい方向に向かわせようと配慮できるかどうかが、上司としての腕の見せどころかもしれません。

　参考までに、NGとなる指導例もみておきましょう。

【NG例1】　形式的に虐待認定し、相手を追い詰めてしまうパターン

「あなたは最近、利用者のコールを意図的に無視しているそうですね」。

──そんなことしていません。

「複数の職員から、あなたがコールにわざと出ないところを目撃したとの証言を得ています。なぜ出ないのかと尋ねたところ、あなたが『この利用者は甘やかしてもつけあがるだけだから、これでいいのよ』等と言った

という証言もありました。言い逃れは見苦しいですよ」。

——……確かにイライラしてそのようなことを言ったこともあるかもしれません。でも、コールのすべてを無視しているわけではないし、他の利用者のケアを優先すべき場合もあって仕方がないのです。

「それはあなたの都合であって、他の職員は皆問題なく対応できていますよ。これは『長時間の放置その他の高齢者を養護すべき職務上の義務を著しく怠ること』に該当し、不作為による虐待が成立します。よって施設としては、本件を市役所に届け出なければなりません」。

——ちょっと待ってください、どうして話がそこまで飛んでしまうのですか。私、虐待なんてしていません。

「本人にその意識がなくても、虐待というものは成立し得るのです。そして虐待の中には不作為による虐待というものもあります。研修で習いませんでしたか。ともかく明日からは虐待などと指摘されないよう十分注意して仕事をしてください」。

——そこまで言われたら私の立場はありません。人がいない中、夜勤も一生懸命やってきたのに、どうして私だけがそこまでされなければならないのですか。もうこんな施設は辞めます。

【NG例2】　問題意識をもたせることができず、現状の追認で終わってしまうパターン

「ちょっといいかな。利用者の○○さんが、コールを押してもスタッフが来てくれないって苦情があったんだけど……」。

——ああ、○○さんにはトイレで毎回呼び出されるのですけど、こちらは忙しいし、結局出ないことも多いので、落ち着いていただくために毎回全部には出られないこともあるんです。

「そうか、忙しいんだね。でもやっぱり、利用者は必要があってコールしているわけだから、できるだけ対応してもらいたいな」。

——施設長は現場をご存知ないからそんなことが言えるんです！　夜勤の実態をどこまでご存知ですか？もし、○○さんの要望に完璧に応えるのであれば、1人専属で職員を付けてください。人さえいれば私だって○○さんにもっと時間を割いてあげられるんです。

「そうだね、慢性的に人が不足しているからね……。多少、利用者の希望に応じられなくても、それは仕方のないことかもしれないね。それより来週も派遣職員が来てくれないから、夜勤を増やしてもらえないかな」。

——またですか、私も体力的に限界なんですけど。

「君まで辞めるなんて言い出さないでくれよ〜。君がやりやすいようにやってくれればそれでいいから」。

3　性的虐待

(1) 定　義

性的虐待とは、「高齢者にわいせつな行為をすること又は高齢者をしてわいせつな行為をさせること」（高齢者虐待防止法2条5項1号ニ）と定義されています。

統計上は、高齢者よりも障害施設等で発生率が高いとされている性的虐待ですが、高齢者施設であっても思わぬところで性的虐待が問題となる場面もあります。

(2) 具体的事例

例えば、次のような場合に、性的虐待は成立するでしょうか。

【事例4】

認知症の女性入所者が、トイレから下半身に何も履かない状態で廊下に出てきたところ、職員がその場で下半身裸の状態のままリハビリパンツを履かせた。その際、別の男性入所者がその脇を通りがかり、様子を見ていた。

厚生労働省マニュアル「Ⅰ　高齢者虐待防止の基本」には次のような具体例があります。

> ・　排泄や着替えの介助がしやすいという目的で、下（上）半身を裸にしたり、下着のままで放置する。
> ・　人前で排泄をさせたり、オムツ交換をしたりする。またその場面を見せないための配慮をしない。

　本件は、ある法人の施設内で、夜間帯において実際に起き、役所から性的虐待であると認定されたものを基としています。廊下に設置された見守りカメラに一部始終が記録されていたため外形的事実が明らかであり認定しやすかったものといえますが、映像等の証拠が他になく目撃者の証言等しかない場合には困難を伴うことでしょう。

　本件については、外部から客観的に評価するならば、その場でリハビリパンツを履かせようとせずに人目のないところに誘導してから履かせる、あるいはバスタオルをもってきて腰に巻いてもらう等の配慮ができたはずです。ところが当該職員はそういった配慮をしませんでした。

　いつものように虐待認定の方法にあてはめてみましょう。

①　当該行為の内容、頻度、程度——害意の現れと評価できるか

　　利用者を、下半身裸の状態のまま廊下でリハビリパンツを履かせました。その行為自体は数分もかかるものではありませんが、そもそも公共の場である廊下ですべき介助ではないことは明らかです。その結果、別の男性入所者がその脇を通りがかり、様子を見ていましたが、職員がそのことに気づいていながら続行したのか、あるいは気づいたことで何かしら回避策をとろうとしたのかが判断のポイントとなります。

②　なぜ職員はその行動をとったのか——動機

　　職員は当時たまたま現場に通りがかり、下半身が裸の利用者を見て焦ってしまい一刻も早くパンツを履かせようという一心であった可能性があります。その場合には利用者の性的な面での尊厳を貶めるような意図は

認められず、性的虐待とまではいえないという判定も考えられます。

　あるいは逆に、そもそも他人の目というものを利用者の代わりに意識するという感覚が欠如しており、居室に誘導する等の措置が面倒なこともありその場で履かせた可能性もあります。その場合には、ことさらに利用者を辱めようといった害意までは認められないものの、いわゆる人権意識や尊厳への配慮の不足により利用者に被害を与えているため、性的虐待と認定すべきといい得るでしょう。

③　その行動をとる必然性が認められるか

　例えば、「人目のつかない場所に誘導する」といった配慮が困難な、特殊な状況下であれば、その場でパンツを履かせるという対応に必然性が認められる場合も考えられます。

　この点をどう評価するかは、職員の内心のありようが深くかかわることであり、結局のところ害意の有無や利用者に対する関心の程度、共感力や想像力の有無といった観点で評価するほかありません。本件では、通常人であれば他者に下半身を見られることで羞恥心や不快感を抱くであろうことを、どこまで重要なこととして受け止めていたかを、質問を重ねることで見極めることになるでしょう。以下は問答のシミュレートです。

　（認知症の女性入所者が、トイレから下半身に何も履かない状態で廊下に出てきたところ）「○○さんに廊下でリハビリパンツを履かせてしまったのですね。そのことについて、今振り返ってみてどう思いますか」。
——当時は下半身裸の○○さんを見てびっくりしてしまい、とにかく一刻も早くパンツを履いてもらわないと、ということで頭が一杯でした。今、冷静に振り返ってみると、やはり女性ですし他人に見られることは誰だって嫌ですから、他人の目というものをもっと配慮すべきだったと思います。
「そうですね。付け加えるなら、女性だけでなく男性だって、下半身を見られたくはないことは同じですね。1つ気になったのは、実際にリハビ

リパンツをどうやって履かせたのかということです。発見したときは、パンツを手にもっていたのですか」。

——いえ、手ぶらでした。バックヤードがすぐそばだったので、そこまで走っていきパンツを1枚取って現場に戻りました。

「なるほど。そのときに、例えば、バスタオルを1枚取ってきて腰に巻いていただくといった配慮ができればよかったかもしれませんね。ほかにはどのような対応が考えられるでしょうか」。

——やはり、廊下は不特定多数の人が歩く共用スペースなので、ひとまずトイレの個室に戻っていただくよう誘導すればよかったかなと思います。

「それはいい考えですね。後は、他の職員に協力を求めることは考えられませんか?」

——それは一応、当時も頭にあったのですが、夕飯の前の時間帯で特に皆忙しくしていたので、遠慮してつい自分だけで対処しようとしてしまいました。

「状況にもよりますが、あまり他の人に配慮しすぎて十分なケアができなくなってもいけませんね。これからはもっと気軽に応援を求めるようにしてもよいのではないでしょうか」。

——わかりました、これからはそうしたいと思います。

　これまでの記述と共通しますが、ポイントは相手をことさらに否定したり非難しないことと、次からはどうすべきかを具体的に自分で考え、気づかせることです。他職員との連携ができているかについても常に気を配るようにしましょう。もしかするとその職員だけが孤立し、チームワークが機能していないといった隠れた問題が横たわっているかもしれません。

(3)　補　足

　性的虐待については、男性職員が女性利用者の身体に接触する等の深刻な虐待行為が行われることもしばしば見受けられます。そのようなときは、一般のわいせつ行為の現象と同じく**「常習性」が疑われるケースが大半**といえ

ます。つまり一度、性的虐待行為をした職員は、ハインリッヒの法則（1つの重大事故の背後には29の軽微な事故があり、その背景には300の異常が存在するというもの）のとおり、それ以外にも隠れて同様のわいせつ行為を利用者に対し繰り返してきた可能性が高いのです。この点が突発的に起こる身体的虐待等と比べて恐ろしく厄介なところであり、明白な性的虐待が判明した場合はこの「余罪」について注意深く調査する必要があります。普段から疑わしい行為がみられるようであれば、常習性はすぐ改まるものでもないため早い段階で辞めてもらうといった対処が必要になることもあります。

4　経済的虐待

(1)　定　義

経済的虐待とは、「高齢者の財産を不当に処分することその他当該高齢者から不当に財産上の利益を得ること」（高齢者虐待防止法2条5項1号ホ）と定義されています。

(2)　具体的事例

最後に、施設で起こることは滅多にありませんが経済的虐待もみておきましょう。

例えば、以下のような場合に、経済的虐待は成立するでしょうか。

【事例5】

軽度認知症の男性利用者のAさん。賭け事が好きで、施設入所前は競馬や競艇に年金をつぎ込んできた。仲の良いB職員と、よくパチンコの話で盛り上がっていた。ある時Aさんは、「B職員から、甲子園の高校野球でどこが優勝するか賭けよう、ともちかけられた。自分は気が進まなかったがつき合いだからと思い5000円を出した。結局予想は両方とも外れたが、B職員はいまだに賭け金を返してくれない」と施設長に苦情を申し出た。

施設長がB職員に真偽を問いただしたところ、B職員は「事実は逆であり、Aさんから賭けをもちかけられた。そのようなことは禁じられている

ので断り、お金も1円も受け取っていない。ただ、その頃、月末で生活が
厳しかったので5000円を借りたことはあった。返すのをすっかり忘れてい
たが、すぐに返す」と答えた。Aさんは、自分はB職員に金銭を貸した憶
えはないと言っている。

　誰しも直感で、「利用者から借金する等という行為は断じて許されない」
ということは理解できそうです。しかし、これが一歩進んで「虐待」かと問
われると、判断に迷うところです。
　前述の経済的虐待の定義の中の後段、「当該高齢者から不当に財産上の利
益を得ること」に該当しそうですが、法的にはどのように評価すべきでしょ
うか。
　厚生労働省マニュアル「I　高齢者虐待防止の基本」には次のような具体例
があります。

○本人の合意なしに財産や金銭を使用し、本人の希望する金銭の使用を理
　由なく制限すること
・　事業所に金銭を寄付・贈与するよう強要する。
・　金銭・財産等の着服・窃盗等（高齢者のお金を盗む、無断で使う、処分
　する、無断流用する、おつりを渡さない）。
・　立場を利用して、「お金を貸してほしい」と頼み、借りる。
・　日常的に使用するお金を不当に制限する、生活に必要なお金を渡さな
　い。

　この点、もし借金をした相手方である利用者が、正常な一般人としての判
断力を有しており、取引の内容や意味を完全に理解したうえで5000円を貸し
たということであれば、いわゆる金銭消費貸借としてAさんとB職員の間に
契約が成立し、フェアな契約である以上「不当に財産上の利益を得」たとは
いえない、といった主張が成り立ちそうです。
　しかしながら、Aさんは高齢の施設入所者であり、しかも軽度の認知症で

す。Ｂ職員と対等な立場で契約が結べるとは思えません。Ｂ職員が、Ａさんの理解不足に乗じてお金を巻き上げた、とみられてもやむを得ないでしょう（事実、ＡさんはＢ職員にお金を貸したとは認識していませんでした）。

　Ｂ職員は「利用者と賭けをすることは禁じられている」と認識しており、最低限の法令遵守（コンプライアンス）の意識は有しているといえそうです（実際、金銭を賭けることは私人間であっても賭博罪に該当し、犯罪となります）。しかし、例え仲がよいからといって、本来お客様の立場にある利用者からお金を借りようなどと考えてはいけません。もしかすると「利用者と金銭の貸し借りをしてはならない」といった規定は施設運営規程や就業規則等には存在しないかもしれませんが、そうであったとしても利用者の財産を脅かす行為として許されないことは明らかです。

　本件の場合は、Ｂ職員がＡさんに対して「害意」があったといえるか否かは、次の要素から総合的に判断することが妥当といえるでしょう。

---

①　借金の額と頻度。
②　利用者との間でどのようなやりとりを経て借金をするに至ったか。
③　借金の額や時期、返済時期や利息について合意したか。
④　③の内容を契約書やメモ等に残したか。
⑤　本件に関する利用者の理解度と認識。

　本件では、①についてＢ職員は今回限りであると供述しました。その真偽は定かではありませんが、Ａさんの申し出た額と一致するため、今回は施設側としても5000円という認識でよいものと思います。②に関してＢ職員の供述によれば、あるときＡさんと世間話をする中で「実は、今月苦しいんです」と漏らしたところ、Ａさんが「それじゃ一肌脱ごう」と言い、自分から5000円を財布から取り出し渡してくれたとのことでした。この話をどこまで信じるかは難しいところですが、その他の③〜⑤の要素についてＢ職員がしっかりと5000円を「借りた」という形で残さなかったという事実経緯か

ら、②に関する供述も疑わしい、との認識となりました。

　そのうえで施設長は、B職員に対し以下のようなやりとりを経て注意・指導しました。

> 「あなたの話によると、Ａさんが自らお金を貸してくれたということですが、それは単にもらったという認識ではなかったのですか」。
> ——いえ、それだとあまりにＡさんの不利益になるし、そんな虫のいい話もないと思ったので、自分としては借りたという認識でいました。
> 「でもＡさんからお金を受け取った後で、いくら借りたか、いつ返すかといった大事なことを何も決めなかったのですよね。もし、相手が友人だとしたら、いつ返すかということを話し合って決めませんか」。
> ——それはそうだと思います。相手が気心の知れたＡさんなので、つい甘えてしまったのだと思います。
> 「利用者と親密な関係になることはよいことですが、一線を超えて金銭のやりとり等をしては当然いけません。例えそれが自分としては借りただけと認識していたとしてもです。今回も、Ａさんから話がなければずっと水面下にとどまっていたことでしょう。あらためて認識してほしいのですが、あなたとＡさんはどのような関係にありますか。友人同士なのですか」。
> ——自分は施設に雇われたワーカーで、Ａさんはこの施設の利用者です。
> 「そのとおりです。平たくいえばお客様とサービス提供者の関係にあるわけですね。そのような関係の中で、こちらは利用者の一人ひとりが、どの程度物事の理解力があり、やろうと思えばお金を不当に出させることができるかといったことまで把握できてしまいます。そのことを悪用して利用者から金品を巻き上げる行為は、本来「経済的虐待」に該当し刑法上の詐欺罪等にも抵触する違法行為です。圧倒的弱者の立場にある利用者は、経済的な面からも守られなければならないのです。
> 　気心が知れる関係になればなるほど、提供側としてはこのことを念頭に

おかなければなりません」。

——よくわかりました。すみませんでした。実は同居人が入院してしまい、入院費などの出費が一時的に必要だったため生活に困ってしてしまいました。これからは二度としません。

「そのようにしてください。Aさんに5000円をすぐ返すことも忘れずに。これからはもしどうしてもお金が必要であれば、応じられるか約束はできませんが給与の前借りといった柔軟な対応ができるかもしれません。利用者に頼ろうとせず、私や事務局に一度相談するようにしてください」。

——わかりました、ありがとうございます。

　最終的な判断は難しいところですが、結局この施設長はB職員と話をする中で、金額も比較的低額であり、初犯のようなのできちんとAさんに返済すれば経済的虐待とまで認定することは控えようという考えに至りました。そのため、あえて「本来は経済的虐待に該当する」と厳しい結論を伝え、改心を促しています。

　とはいえ、実際にAさんの理解不足に乗じてお金を出させたことは事実ですので、この口頭指導だけで済ませてよいとも思えません。あるいは、他の事例でみてきたように、もし、職員側に反省がみられず、何らかのペナルティを科さなければならないという場合にはどうすればよいでしょうか。これは労務管理上の問題となってくるため、虐待対応とはやや話しの筋が分岐するのですが、実務上欠かせないステップであるため第8章で解説します。

第 8 章　問題職員への対処法

　先の【事例 5】71 頁参照（経済的虐待のケース）で、利用者から 5000 円を「借りた」（実質は「巻き上げた」ともいい得るところですが）職員に対し、雇用主としてはどのように対処していくべきでしょうか。

　正解は「懲戒処分をする」です。読者の中には「えっ、懲戒解雇は裁判に持ち込まれたらまず認められないと聞いたけれど……」と意外に思われた方もおられるかもしれません。それは、懲戒**処分**と懲戒**解雇**を混同されているのです。

　懲戒処分は戒告やけん責、減給処分等その処分の重さに応じて複数存在し、最も重い処分が懲戒解雇となります（【参考】84 頁参照）。まずこの関係を整理して理解することが第一歩です。

　あなたの施設において、職員にどのような懲戒処分ができるかについては、就業規則の規程によります。一般的な就業規則であれば、【書式 3】のような定め方になっています（厚生労働省のモデル就業規則（令和 5 年 7 月）より）。

【書式 3】　就業規則における懲戒処分規程

> 第○条　会社は、従業員が次条のいずれかに該当する場合は、その事由
> 　　に応じ次の区分による懲戒を行う。
> ①　けん責　　　始末書を提出させて将来を戒める。
> ③　減給　　　　始末書を提出させて減給する。ただし、減給は 1 回の額が
> 　　　　　　　　平均賃金の 1 日分の 5 割を超えることなく、また、総額が 1 賃金
> 　　　　　　　　支払い期間における賃金総額の 1 割を超えることはない。
> ④　出勤停止　　始末書を提出させるほか、○日間を限度として出勤を
> 　　　　　　　　停止し、その間の賃金は支給しない。
> ⑤　懲戒解雇　　予告期間を設けることなく即時に解雇する。この場合
> 　　　　　　　　において、所轄の労働基準監督署長の認定を受けたときは、解雇

> 予告手当（平均賃金の30日分）を支給しない。

　本件を含め、大方の場面でリスクなく多用できるのが、実は①の「けん責」なのです。「こんな軽い処分では無意味なのでは？」と思われた方もいるかもしれませんが、使い方、もっといえば「演出」次第でけん責処分も十分職員を戒め、従わせる効果を発揮してくれるのです。

1　けん責処分は解雇への第一歩

　軽いペナルティによりなぜ効果が出ないかといえば、それはペナルティを科す側自身が「どうせ意味がないだろう」と思い込んでいることが最大の原因です。そうではなく、けん責処分は立派な懲戒処分であり、この宣告を受けることはサッカーの試合でイエローカードを出されることと一緒だ、というイメージをもつようにしてください。事実、問題のある職員の解雇に至る流れは、何回かけん責処分等の指導を受け、それでも改善がみられないときにそれらの「実績」を根拠に普通解雇に踏み切る、というものです。けん責は一度受けたらその場で終わりではなく、解雇に繋がる重要な処分、ある意味「前科」に匹敵するものです。

2　適正なけん責処分の仕方

　では、けん責処分は具体的にどのように実行すればよいのでしょうか。ポイントは、**就業規則に書かれている要件に忠実に従う**、という点です。
　刑事事件の世界で「疑わしきは罰せず」と並んで重要な言葉に、「罪刑法定主義」というルールがあります。難しい言葉ですが、「罪」とそれに相応する「刑罰」は、法律で定められていなければならない、いい換えれば刑罰は法律で定められたとおりに適用・執行されなければならないという意味です。
　例えば、窃盗罪は「他人の財物を窃取した者は、窃盗の罪とし、10年以下の懲役又は50万円以下の罰金に処する」（刑法235条）と定められています

が、裁判官はこれを逸脱して「あなたは常習犯で悪質だから、特別に懲役12年とする」等と勝手に決めることは許されないのです。刑罰やペナルティというものは相手に明確な不利益を科すものであるため、それを下す側はその権限を濫用するようなことがあってはならず、そのために厳密な解釈・運用が必須とされています。

　これは懲戒処分にもあてはまることであり、まずこの点が実務ではそこまで意識されていないかもしれません。問題職員がいても「次からは気をつけてね」と口頭で注意し、記録も残さず……といったことが繰り返され、最終的に大きな事件を起こしたり、雇用主側が我慢の限界に達したことがきっかけとなり突然解雇を言い渡す、というパターンが多く見受けられます。

　問題のある職員の注意指導は、初期段階が肝心です。当該職員の言動の何が問題なのかをはっきり指摘し、雇用主として改善を求めていかなければなりません。ここで相手との関係性が悪くなることをおそれ、曖昧なかかわり方しかしてこないと、「今まで注意・指導されたことは一度もなかった。したがって解雇は無効である」と主張される等、大きなつけとなって後から返ってきます。

　あるいは逆に、「雇用主であれば何でもできる」と勘違いし、就業規則に規程のない処分を勝手にしてしまう場合もあるかもしれません（「罰として庭の草むしり」等）。これは法令遵守の観点からは大変危険な行為であり、常に根拠規定を探し、それに基づいて対応すべきです。

3　始末書の作成方法

　話をけん責に戻すと、就業規則には「始末書を提出させて将来を戒める」とあります。では、どのような形で始末書を書かせればよいのでしょうか。

　不思議なことに、実務的視点からここまで踏み込んで解説した書籍等は筆者の知る限りでは見当たりませんでした。しかし、まさにそういった細かい点が定められていないと、ある者はワープロソフトで簡略な報告で済ませ、ある者は手書きで何枚も謝罪文を書き……と始末書の形式がまちまちになっ

てしまいます。それこそ罪刑法定主義から外れた恣意的な処分になってしまうため、最低限始末書に「何を書かせるのか」を指定する必要があります（【書式4】参照）。

　始末書を書かせる最大の目的は、「**自分の犯した罪（不正）と向き合わせること**」にあります。人は言語化することではじめて事象の意味を認識し、何が問題であったかを考えることで次から同じ過ちを繰り返さないという意識が生まれます。自分の言葉で置き換えながら振り返らせることが、まさに「反省」を促すことであり、同時に裁判等いざというときのための有力な証拠にもなるのです。

【書式4】　始末書（例）

始末書

　社会福祉法人○○
　施設長　○○様

　この度、貴法人よりけん責の懲戒処分を受けましたため、以下のとおり始末書を提出し、誓約致します。

1　不始末（懲戒対象事由）の内容
（いつ、どこで、何をしたか）

2　不始末の原因
（例：施設の一員としての自覚が足りなかった。法人の理念を十分に理解していなかった等）

3　不始末に対する見解
（例：「この度は私の不適切な行動によりご迷惑をおかけし、誠に申し訳ありませんでした」等）

4　不始末を繰り返さないための考えられる方策
（例：「同僚に自分の振舞いを観察してもらい、問題がある場合は即座に指摘
してもらうようにします」等）

　今後は貴法人の就業規則を遵守し、貴法人の理念に基づいた行動をと
るよう、努力いたします。もし、次に同じような不適切な行為をした場
合は、より厳格な処分を受けることも理解しました。
　二度と今回のようなことのないよう、誓約する証として本書を提出致
します。

○○年○月○日
（住所）
（氏名）　　　　　　　　　㊞

手書きでの作成は、いたずらに時間がかかるためおすすめしません。上記
ひな形データを被処分者へ渡し、パソコンで直接入力しながら作成させるこ
とが望ましいでしょう。最後はプリントアウトし、末尾に署名押印し提出さ
せます。
　なお、始末書の作成は一応業務の範囲内といい得るため、自宅で作成させ
ることは控え、勤務時間中に作成させるほうが無難です。

4　職員が始末書の作成を拒否した場合の対処法

　もし、職員が始末書の作成を拒否した場合、どのように対処すればよいで
しょうか。この点、始末書の中で自分の過ちを認め「反省しています」と述
べることは、本人の人格権にかかわることであり、懲戒処分といえども強制
することはできません。
　もっとも、【書式4】（79頁参照）の「1　不始末（懲戒対象事由）の内容」
に関しては、客観的な事実経緯ですから、これを法人が求めることは業務命

令として許されます。したがって、もし、相手が始末書の提出を拒んだとき
は、始末書は提出しなくてよいので経緯に関する「報告書」を提出するよう
指示し、それも理由なく拒む場合にはそのことを根拠としてさらなる懲戒処
分を下すという流れが妥当といえます。

　このように書くと非常に遠まわりで手が込んでいるように思えますが、問
題職員とのやりとりはいわば我慢比べのような面がありますので、施設側と
しては淡々と、都度記録を残しつつ規程に則り指導を重ねていくことに徹し
ましょう。

　以上が始末書の作成方法と提出までの流れでしたが、当該処分の「本体」
となるけん責処分通知書の文例も参考までにお示ししておきます。事例は、
Ｂ職員による利用者からの金銭受領（【事例5】）を想定しています。

【書式5】　けん責処分通知書（例）

　　　　　　　　　　　　　　　　　　　　　　　　　○○年○月○日

　Ｂ　　殿

　　　　　　　　　　　　　　　　　　　社会福祉法人　　○○

　　　　　　　　　　　　　　　　　特別養護老人ホーム　　○○

　　　　　　　　　　　　　　　　　　　　施設長　　○○

　　　　　　　　　　　懲戒処分通知書（けん責）

　第一　処分内容

　　被処分者を第二項記載の事由に基づき下記けん責処分に処す。被処分
　者は本書面受領後14営業日以内に始末書を作成し提出すること。

　　（処分根拠規定）就業規則第○条○号「けん責」

　　　　　　　　　　　同　第○条○、○各号

　第二　処分事由

　　被処分者は○○年○月○日頃、本施設利用者である○○様（以下「利

用者」）より、5000円札を１枚手渡しにて受領した（以下「本件受渡し」）。その際、被処分者と利用者の間に当該現金の本件受渡しの理由について口頭や書面の取交わしによる確認はなされなかったが、後に利用者は本件受渡しにつき、「Ｂ職員から、甲子園の高校野球でどこが優勝するか賭けよう、ともちかけられた。自分は気が進まなかったが付合いだから、と思い5000円を出した。結局予想は両方とも外れたが、Ｂ職員は未だに賭け金を返してくれない」と○○年○月○日に施設長に申し出る形で説明された。

　施設長が被処分者に真偽を問いただしたところ、同人は当該事実を否定する一方で、「利用者から5000円を借りたものである」と釈明した。あわせて被処分者は「返すのをすっかり忘れていたが、すぐ返す」と答え、後日実際に5000円は施設長立会いの下、利用者に返還した。もっとも利用者は「当該額を被処分者に貸した憶えはない」と述べており、当時のやりとりは不明である。

　しかしながら、仮に本件受渡しが被処分者の釈明のとおりいわゆる消費貸借契約によるものであったとしても、施設の勤務者が施設利用者に対し借金をもちかけ、金銭を受領する行為自体が許されないものであり、本件においては特に利用者が軽度の認知症であったことから十分な理解力や判断力、また、記憶力を有していたかについては大いに疑義があるところ、被処分者の行為はいつ、いくらを借り、いつ返済するかといった基本的な事柄を何ら当事者間で確認することなく漫然と金銭を受領している。利用者が施設長に申し出ることにより発覚しなければ、本件が明らかになり金銭が利用者に返還されることもなかった可能性が高いことに鑑みれば、被処分者の行為は悪質といわざるを得ない。

　かかる被処分者の行為は、利用者の正当な権利や財産をその抗力困難状態に乗じ棄損するものであり到底許されるものではない。反面施設を運営する法人および施設関係者全体の名誉・信用を著しく損なうものである。もっとも一方で、本件の被害額は比較的低額であり、またこれま

で同種の行為を他の利用者に対して行ってはこなかったことがうかがわ
れ、かつ発覚後は速やかに全額を利用者に返還している等からすると、
重度の悪質性までは認められず経済的虐待が成立するとも認め難い。右
諸般の事情に鑑み本処分を相当とした。

（受領欄）
上記処分通知を確かに受け取りました。

○○年○月○日
住所
氏名　　　　　　　　　　　　㊞

　ここまで厳密な裁判の判決文のような書き方をしなくてもよいのですが、
ポイントはまず「処分内容」欄では本件懲戒処分の根拠条文を明示すること
です。これは就業規則中、職員の「服務規律」の章に存在しますが、「利用者
に被害を与えてはならない」といったことは当たり前のことであり、ぴった
り該当する規定が見当たらないこともあるかもしれません。そのようなとき
はやや苦しいですが「法人の名誉または信用を傷つけるような行為をしない
こと」といった包括的な規定を処分の根拠とすることが考えられます。これ
からは、服務規律欄に【書式6】のような規定を追加されるとよいでしょう。

【書式6】　服務規律にあると望ましい規定

（身体的、経済的、性的虐待対策）
第○条　利用者に対し、その生命・身体・財産および基本的人権を損な
　うような行為をしてはならない。
（心理的虐待対策）
第○条　利用者に対しては常に敬意を以て接し、その尊厳に配慮しなけ
　ればならない。また、利用者に対し、不適切な言動や態度をとっては
　ならない。

> （ネグレクト対策）
>
> 第○条　利用者に対し、本来なすべき介助等の業務を怠ってはならない。

　次に「処分事由」の欄ですが、ここには客観的事実経緯（5W1H）を落とさず、そのうえで何が問題であり、なぜ今回の処分が相当と判断するに至ったかを結論とともに記載することです。

　最後に、必ず署名欄を設け、被処分者が確かに当該処分を受けたことを証拠化します。原本は法人にて保管し、写しを本人に交付しましょう。

5　懲戒処分は最初のステップを細分化

　【書式3】（76頁参照）で紹介した懲戒処分の定め方でも問題はないのですが、実はより「使いやすい」メニューの設定方法があります。以下の規定例を参考にしてください。最大のポイントは、**最軽微の処分である「戒告」を定め、活用する**ことにあります。

【参考】　使いやすい懲戒規定（例）

> ①　**戒告**　　**口頭および書面にて個別注意指導し、将来を戒める。**
>
> ②　けん責　　始末書を提出させ、将来を戒める。
>
> ③　減給　　始末書を提出させたうえ、給与を減額する。ただし、減給は1回の額が平均賃金の1日分の5割を超えることなく、また、総額が1賃金支払い期間における賃金の1割を超えることはない。
>
> ④　出勤停止　　始末書を提出させたうえ、1日以上3カ月以内の出勤停止とし、その期間中の給与は支給しない。
>
> ⑤　諭旨解雇　　懲戒解雇相当の事由がある場合で、本人に反省が認められるときは退職願を提出するように勧告し、諭旨解雇とする。ただし、勧告に従わないときは懲戒解雇とする。

⑥　懲戒解雇　　予告期間を設けることなく解雇する。所轄労働基準監
　　　　　　　督署長の許可を受けた場合は、解雇予告手当を支給しない。ま
　　　　　　　た、退職金はいかなる場合も支給しないものとする。

6　「戒告」を活用する

　ご存知の方も多いかと思いますが、懲戒処分というものは処分が重くなる
ほど使いづらいものです。懲戒解雇は最後の手段であり、それこそ刑事事件
相当の虐待事件等を起こしたことが明らかでなければ適用できません。ま
た、解雇予告手当除外のための労働基準監督署の許可は、通常、事前に得る
必要があります。出勤停止は根本的な解決にならず、減給処分は上限額が非
常に低いためペナルティとしての重さがありません。

　一方、戒告・けん責は一見「ただ注意指導するだけ」であり、ペナルティ
としての意味は皆無であるように思えます。そのため「こんなことをしても
無駄」と軽んじられがちですが、実はそうではないのです。

　戒告・けん責を行う目的は、**職員の不適切性の証拠化と、将来の解雇に繋
げる**ことにあります。口頭での注意でもしないよりはましですが、最低限記
録化しておくようにしましょう。記録がなければ、いざというとき裁判等の
手続で相手（職員）の問題点を立証できず、言いたい放題主張されてしまい
かねません。組織を防衛するために記録は不可欠です。

　解雇については、懲戒解雇と普通解雇があります。両者の違いは以下のと
おりです。

・　懲戒解雇　　職員の行為が懲戒事由に該当したときに、**ペナルティ
　　　　　　　として行う**解雇
・　普通解雇　　普段の業務能力が劣っている等、**勤務成績が不良**であ
　　　　　　　るために行う解雇

　この違いを理解していない方が意外と多いかもしれません。就業規則をみると普通解雇には「懲戒解雇に相当するとき」といった項目がある場合もあり、ただでさえわかりづらい規定や運用になっているといい得るでしょう。

　もっとも裁判上は懲戒解雇よりも普通解雇のほうが認められやすいことは明らかです。懲戒解雇はペナルティである以上、慎重に審査されるためです。

　そこで雇用主としては、罰則を適用するほどの不正ではないが、看過するわけにもいかないという場合には戒告・けん責を積極的に用いるとよいでしょう。ちょうどサッカーの試合のイエローカードを蓄積するような感覚で普通解雇を正当化する根拠を積み上げていくのです。何より、戒告やけん責は従業員に何ら実質的な不利益を与えませんから、これに異議を唱え裁判所や労働基準監督署に訴え出られるようなリスクは事実上ありません。その意味でこのカードは、反抗的な職員に対しても安心して切ることができます。

　もちろん、解雇ありきで臨んでは本末転倒ですが、最初から反省や改善の余地がみられないような場合は淡々とこのような注意を繰り返していくほかありません。相手が従わないからといってむきになったり、落胆する必要はないのです。

　このような目的や見通しを確認したうえで、効果的な戒告・けん責の方法を紹介しましょう。けん責の項で「始末書を書かせる最大の目的は、『自分の犯した罪（不正）と向き合わせること』にある」と述べましたが、戒告も同様であり、なぜ自分が非難されているのかを十分理解し、自覚してもらわなければ意味がありません。ところが、戒告にはけん責のような始末書提出の義務すらありませんから、ただ書面を読み上げ、文書を渡すだけでは効果は見込めません。そこで、戒告の手続をできるだけ大げさに「儀式化」することがポイントとなります。具体的には、できるだけ多くの役員や管理者が立ち会う場を設け、彼らの目の前で「これから戒告処分を執り行います」と宣言します。次に戒告書を厳かに読み上げ辞令交付のときのように手渡します。次に同じことが繰り返された場合、さらなるペナルティを科さざるを得ないので重々承知するようにと伝えます。これが、廊下での立ち話の感覚で控え

めに口頭注意しただけでは、そもそも懲戒処分としての戒告であることが相手に伝わりませんし、被処分者も戒告を受けたことをすぐ忘れてしまい「覚えていない」等と主張されてしまうおそれもあります。**儀式というものはそもそも、大切な事実を記憶にとどめるために存在します**。戒告という軽い処分にこそ、その機能を最大限に活かすべきといえます。

　参考までに、戒告処分通知書のサンプルも掲載しておきます（【書式7】）。

【書式7】　戒告処分通知書（例）

　　　　　　　　　　　　　　　　　　　　　　　　　　　　○○年○月○日

　B　　殿

　　　　　　　　　　　　　　　　　　　　社会福祉法人　　○○

　　　　　　　　　　　　　　　　　　特別養護老人ホーム　○○

　　　　　　　　　　　　　　　　　　　　　　施設長　　○○

　　　　　　　　　　　　懲戒処分通知書（戒告）

第一　　処分内容

　　被処分者を第二項記載の事由に基づき下記戒告処分に処す。

　　（処分根拠規定）就業規則第○条○号「戒告」

　　　　　　　　　　　　同　第○条○、○各号

第二　　処分理由

　　（けん責処分【書式5】と同じ）

- -

　（受領欄）

　　上記処分通知を確かに受け取りました。

　　○○年○月○日

　　住所

　　氏名　　　　　　　　　　　　　　㊞

87

　なお、「懲戒処分は1つの事案に対して1回しかできない」というルールがあることに留意してください。これを「二重処罰の禁止」といいますが、例えば「あなたのしたことは悪質だから、戒告とけん責の両方を科します」といったことはできないのです。毎回、起こした問題の深刻性に鑑み適当なペナルティを科す必要があり、処分を下す前に慎重な検討が必要となります。

　なお、こうした処分は人事の課題となるところ、虐待防止委員会で議題とするのはふさわしくないかもしれません。小規模であり人事担当者も兼務しているといった事情がない限り、面倒かもしれませんが虐待の事実認定、評価をする機関と、最終的に人事権の発動により処分を下す機関は分けたほうがよいでしょう。【コラム】（141頁参照）の委員会機関のメニューをつくる際の参考としてください。

第 9 章　研修より重視すべきこと

　施設が行政から改善命令を受けた場合、あるいは虐待防止に取り組む際に必須義務となる実施項目は「職員に向けた全体研修」です。しかしながら、筆者はこうした研修の重要性は全体の中でいえば低いものであると認識しています。なぜなら、職員全体に向けた座学の研修はあくまでその場限りのものであり、一時的な効果しか期待できないためです（この点、例えばグループワークや感想文など、受講者の積極的な取組みを追加しようと、本質的な部分で変わりはありません）。

　研修・セミナーを「打ち上げ花火」と揶揄する言葉もありますが、要するに研修・セミナーというものはすぐ忘れられてしまうのです。一方で職員が一堂に会し、その場では皆熱心に聞いているため、「虐待予防にしっかり取り組んでいる」という満足感は得られるのですが、その感覚が逆に落とし穴となりかねないのです。

　全体研修は、年間を通したプログラムの中でスタート地点として欠かすことができないものです。しかし、あくまで全体の一部と位置づけ、「次につなげる意識」を忘れてはいけません。

　研修の役割はプログラムによってさまざまですが、最低限次のポイントを外さないことが重要です。

---

①　なぜ虐待をしてはいけないのか。

②　虐待とは何か。

③　年間を通じて実施されるプログラムの意義と取り組む際の注意点。

1　なぜ虐待をしてはいけないのか

　全体研修でありがちなのが、高齢者虐待防止法や厚生労働省ほか関連機関
の発行するパンフレットなどを配布し、1から読み進め表面的になぞるとい
うものです。それでは教科書的な知識をインプットするだけで、何が起きる
かわからない現場で咄嗟に判断するための生きた知恵にはなりません。それ
では結果として虐待を予防できず意味がないのです。

　「なぜ、高齢者（利用者）に対して虐待をしてはいけないのでしょうか」。
まず、この問いかけから始め、職員一人ひとりの言葉で答えてもらうことか
ら始めるとよいでしょう。

　殴る、蹴るといったわかりやすい身体的虐待であればしてはいけないこと
は直感でもすぐわかりますが、これまでみてきたような判定が難しいケース
では、「職員だって忙しいし事情もあるのだから、これぐらいは仕方がない」
といった複雑な思いが浮かんでくるかもしれません。認知症の利用者に暴言
を浴びせられても問題にはならず、職員がカッとなって言い返す等すれば即
「心理的虐待」となってしまう……。こうした仕組みに理不尽さを感じる人
もいるのではないでしょうか。

　それでもなお、高齢者や障害者が法律により虐待から保護されているのは
なぜか。キーワードは、これまでも繰り返し登場した「尊厳」という言葉に
なります。

(1)　尊厳とは何か

　尊厳の定義は多々ありますが、一般的には「尊く、おごそかで、犯しては
ならないこと」あるいは「気高く威厳があること」等を意味します。「個人
の尊厳」とは、いい換えれば「**すべての個人が、互いを人間として尊重す
ることで実現する、人間としてのあり方**」と表現できるでしょう。

　この人間社会で、もし、ある人には尊厳が認められ、別の人には尊厳がな
いという格差があったとしたらどうなるでしょうか。力の弱い人、抗議の声
をあげられない人、財力のない人は人間扱いされず、まるで家畜やペットの

ように扱われるようになるかもしれません。歴史を紐解けば、人種差別や民族差別、男女差別などあらゆる「差別」がこの「個人の尊厳」を失わせる行為であったことがよくわかります。しかし、そのような差別がまかりとおる社会は、究極をいえばもはや人間の社会ではないといえるのです。非人道的という言葉がありますが、まさにそれがあてはまります。

　それと全く同じことが、介護施設や障害者施設で実は起こりやすいという現状があるからこそ、法は「すべての個人は、互いを人間として尊重しなければならない」という大前提を思い起こさせ、ルールとして定めているのです。

　認知症のため、何度も同じことを繰り返し、あるいは全くこちら（職員）の誘導に従ってくれない利用者と向き合うとき、「この人は劣った人間だから、人間扱いしなくとも許される」等といった感情が沸き上がってくるかもしれません。しかし、その感情を実際に行動に移してしまえば、かつての奴隷制、あるいは強制収容所に堕してしまうのです。

(2)　バランス感覚の重要性

　憲法13条は次のとおり定めています。

日本国憲法
13条　すべて国民は、個人として尊重される。生命、自由及び幸福追求に対する国民の権利については、公共の福祉に反しない限り、立法その他の国政の上で、最大の尊重を必要とする。

　この規定がなくとも「個人の尊厳」は当然に実現しなければならない人間社会の礎となるものですが、一方でこうも思われるかもしれません。「すべての人に尊厳が認められるというなら、当然職員の尊厳も守られなければならない。ところが相手が認知症という理由だけで、罵詈雑言や暴力行為、セクハラ行為を職員が一方的に我慢しなければならないというのはおかしいではないか」。

　まさにそのとおりであり、このジレンマ——個の尊厳を掲げながら、職員の尊厳が十分に守られないという現実——こそが、介護・障害の現場における虐待問題の最大の課題であるといえるでしょう。一昔前は「（利用者の暴力行為などを）我慢するのも仕事のうち」等といういわば根性論もあったようですが、今はそれでは職員が辞めてしまい人が定着しません。とはいえ一方で、職員が利用者からセクハラ等尊厳を害する行為をされたとしても、行為者は認知症であり、通常一般人と同等の判断力を有していない以上、同じように非難することはできません。

　難しい問題ですが、筆者は、だからこそ双方のバランスを図ることに注力することが重要であると考えます。利用者と職員のどちらか一方に偏ってもいけません。

　「虐待はあってはならないことであり、利用者の言動は無条件で受け入れなければならない」といった意見や「職員を守るため、利用者の不適切な言動は厳しく取り締まり、退去も求めていくべき」といった意見は、いずれも極端な見解であり、それでは現場が成り立たないことは明らかです。

　まず、変わらなければならないのは施設・職員の側です。「個人の尊厳」を表面的に言葉として学ぶのではなく、現場でこの理念を反映させるまで身につけること。そのうえで利用者の困った言動については「そもそも何がそのような言動をさせているのか」を探究し、認知症等特有の症状や背景事情について深く掘り下げ、打開策を模索する姿勢が大切であると考えます。そのようなときこそ、医療を交えた多職種連携が効果を発揮します。利用者の家族も交え多角的に検討し、その中で家族に対しては「利用者のこのような行為に困っている」と素直に伝え、協力を求めることが大切です。無理をして抱え込まず、柔軟な発想で家族とも連携し対処する——そのような姿勢がこれからはますます重要となってくるのではないでしょうか。

2　虐待とは何か

　「虐待とは何か」については、5つの虐待類型（第3部Q1参照）を説明

92

することが基本となりますが、それよりもこれまで解説したような認定方法、虐待防止委員会の意義や実際の手続等につきできる限り詳しく具体的に説明することのほうが実務上は重要です。講義終了の瞬間から、自分が自分のおかれた立場で何をしていけばいいか、はっきりとイメージがもてるようにかみ砕いて説明しましょう。

　ここで、筆者が講師となり虐待防止について解説する内部研修動画をご案内します（〈図表3〉）。どなたでも、何度でも無料で利用いただけます。下記QRコードからご視聴ください。

〈図表3〉　施設向け・在宅向け・障害福祉向けQRコード

　　（施設向け）　　　　　　（在宅向け）　　　　　（障害福祉向け）

　内部研修は複数実施義務があり、令和6年からはBCP（業務継続計画）や感染症対策等の研修も追加されます。毎回、全職員が集まり誰かが講師役を務める……という昔ながらのやり方は実践できなくなっていくものと思います。一方、法令は内部研修について動画視聴のスタイルを否定していません。そうであれば、このような動画を活用しオンデマンドで速やかに全員が受講するという形にシフトしていくべきといえるでしょう。

　このチャンネルでは、虐待以外にもさまざまなトラブル解決法を配信していますのでこちらからご登録いただければと思います（〈図表4〉）。

〈図表4〉　弁護士 外岡 潤が教える介護トラブル解決チャンネルQRコード

3　年間を通じて実施されるプログラムの意義と取り組む際の
注意点

　2とも関連しますが、研修の次に何に取り組んでいくかについて理解し、深くかかわってもらうことが目標となります。

　研修以外の取組みは多種多様ですが、1つ非常に効果的な方法を第10章で紹介しましょう。ある施設で実際に行い、結果として虐待件数が減るだけでなく年間の離職率も劇的に低下したというものです。「気づきシート」といいます。

第10章 「気づきシート」の導入方法と効果

1 「気づきシート」の導入

〈図表5〉を見てください。これが「気づきシート」です。ある社会福祉法人において、虐待防止事業の一環として始めたものですが、もう数年続き、現場には十分に定着しています。以下は施設を念頭におき解説していますが、訪問系事業であっても同じく導入可能です。

「気づきシート」に書く内容には、「よい気づき」と「悪い気づき」の2種類があります。施設内でともに働く仲間について、よい行動であると気づいた点については左のほうの笑顔マークを丸で囲み、その下に誰の、どのような行動がよいと思ったかを具体的に書きます。

一方で「これは不適切ではないか」と思われた言動等については、悪い気づきとして右側の顔を丸で囲み、同様に下の欄に不適切行為を具体的に記載します。悪い気づきの中には、虐待そのものといわざるを得ない事件や、虐待予備軍ともいうべきケースも散見されます。報告者の氏名も書いたほうが望ましいですが、「悪い気づきについては匿名での報告でも構わない」と説明します。悪い気づきにつき、実際に当該行為をした者の氏名も伏せて構わないかについては、ケースバイケースですが虐待被疑事件であれば施設として事実確

〈図表5〉 気づきシート（サンプル）

気づきシート
○○年○月○日
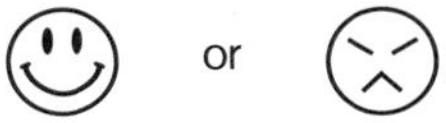 ☺ or 😠
記入者（匿名も可）：

認が必要となるため、できるだけ記載してほしい、と呼びかける（もしくは義務化する）べきでしょう。

　以下は、現場から上がってきたよい／悪い気づきの具体例です。

●よい気づき──氏名欄には実際には個人名がそのまま書かれています

・　医務の○○職員　　いつも笑顔で穏やかな対応をしているので、私が忙しくて一杯いっぱいになっているときにハッとさせられます。また、いつも入居者様の情報収集をするため、色々と聞いてくれて、実際に目で見て確認する姿は素晴らしいと思うし、とても心強いです。

・　○○職員　　敬老会の準備で、展示物の作成や展示に予想以上の協力をいただき、利用者様や家族に喜ばれる大変良い展覧会ができました。

・　○○職員　　先日、夜勤明けで遅くまで担当居室の整理整頓をされていました。洗濯物を片付けにその部屋に入った際、家族の方からお礼のメッセージが箪笥の引出しに入っていました。とてもきれいになっていたので家族も嬉しかったのだろうと思います。

・　○階の○○職員　　いつも送迎時の車中で感じますが、車内で入居者様とよく会話をされています。当たり前のように思えますが、会話を全くしない職員もいるので、よい対応だと思います。また、乗り降りの際ベルト等を取ってくれる気遣いをしてくれるので非常にスムーズです。普段の仕事でもこのように気を使ってくれているのだろうと思います。

・　○○職員　　利用者様からの声です。「優しい○○さーん」「○○さんは今日来ますか？」「○○さんだといいな……」他にも沢山！私も同様に思われたいと思いました。

・　○階○○さん　　就寝介助時、待っている利用者様に対して「次にご案内します」「お待たせしました」等、必ず声をかけて誘導し

ています。そのせいか不穏になりがちな利用者様も落ち着いて待たれているように感じます。素晴らしいと思います。

■悪い気づき

・ ○○職員が、ゼリーのタッパーを利用者様がいるテーブルに投げるように置いていた。ガチャンと大きな音が出て、職員でも驚いてしまう。すぐそばにいた利用者様が気の毒に感じた。イライラしているのか、顔つきも険しかった。

・ エレベーターのドアが最後まで閉まるのを確認しない職員がいる。危険だと思う。

・ 経鼻経管栄養の利用者様を「経管さん」等と呼ぶ職員がいるが、利用者様には名前があるので失礼だと思う。

・ ある職員が、強引な介助を怖がり、腰が引けてしまった入居者様に対し「危ない、立ってください」と大声を出して注意していた。入居者様のできること、できないことを理解して介助していない。

・ 利用者様に対して職員が大きな声で「お茶飲んで！」「トイレは？」等と言っているのを聞く。自分が利用者様の立場だったら、皆に聞こえるような大声で「トイレは？」等と聞かれるのは嫌だと思う。

・ 休憩室での職員間の会話について。入居者様を「○○さん」「○○様」等と敬称を付けず、名字や下の名前で話しているところを見かけたことがある。傍で聞いていても気分のよいものではなく、親しみを込めたつもりであったとしても家族の前であれば同じように言わないはず。

・ 入居者様と職員が言い争いをしていた。ついむきになってしまうときが自分にもあるので、ひと呼吸して冷静になることが大切と思った。礼節、謙虚さをもった対応を心がけようと思う。

　いかがでしょうか。現場職員の行動や態度に関する「気づき」が、このうえなくリアルに伝わってくるものと思います。普段現場とのかかわりが薄い上層部にとって、これらの情報はまさに改善のヒントの宝庫です。

　気づきは、職員の言動だけに限られません。例えば、悪い気づきの中には、「利用者様の車椅子が汚れており、定期的な清掃が必要ではないか」というものもありました。利用者の食べこぼしやもどしたりした残渣物が、手の届かない車椅子の関節の隙間などにこびりついてしまうそうです。これらの問題は外部業者が高圧洗浄により一気に汚れを落とすことで解消しました。

　虐待防止という本筋からは外れますが、こうした備品に関するちょっとした問題や職員のストレス源となる障壁を1つずつ取り除いていくことで、その問題が解決するという直接の効果だけでなく、**「自分の意見が認められ採用された」**という喜びや達成感がもたらされます。

　なお、気づきシートの本来の目的は虐待の早期発見・予防であるため、備品や設備に関する投稿で埋め尽くされてしまうのは望ましくありません。虐待関連について書いてもらうよう、職員が慣れるにつれて徐々に誘導していくとよいでしょう。

　これは実は非常に大きな効果であり、パートからベテランまですべての職員の意見が1つずつ丁寧に検討されるという、施設（運営法人）に対する「信頼感」に繋がっていきます。信頼という絆で結ばれた職員は、ここが自分の居場所であり自己実現の場であると認識し、率先して問題を探し出し、よりよい環境にしようと努めてくれるようになります。

　ちょうど広い庭の雑草を1本ずつ抜いていくような気の遠くなる作業と感じられるかもしれませんが、筆者はこれこそが人員定着の王道であり、王道に近道はないといわれる所以であろうと思います。

　支給する賃金を上げることができればそれに越したことはありませんが、それがすぐにできない以上、目の前の小さなことに地道に取り組んでいくほかないのです。しかし、その取組みは、想像以上の有形無形の対価をもたら

してくれます。

　気づきシートの波及的効果に言及したところで話を本筋に戻しましょう。例えば、前出の悪い気づきの中で「職員が、ゼリーのタッパーを利用者様がいるテーブルに投げるように置いていた」というケースを取り上げます。こうした虐待の可能性が少しでもある事件については、虐待防止委員会において「正式に虐待と認定すべきか」を検討します。最初は時間がかかりますが徐々に慣れていきます。事例が多いときは優先順位を決め、態様が深刻あるいは被害が大きいものから検討するようにしましょう。

　このタッパーの件を含め、気づきシートに現れるほとんどのケースは、正式に虐待と認定されるには至らないでしょう。目の前にタッパーを投げるように置く行為は、利用者を驚かせたとはいえ「高齢者の身体に外傷が生じるおそれのある暴行」とまではいえません。また、心理的虐待の定義である「高齢者に著しい心理的外傷を与える言動」にあたるとまではいい難いでしょう（ここで、「利用者が恐怖を感じた以上虐待である」等と安易かつ強引な認定をしないことが大切です。施設で起きるすべてのケースが先例となり、同種の事件が将来起きたときにすべて虐待と認定せざるを得なくなります）。

　これまで類型別に繰り返し説明してきたとおり、まずは当該職員に何が問題であるかを自覚させ、繰り返さないよう注意指導することが基本です。

　その反応次第で、もし反省の様子が見受けられないようであれば、残念ながら「虐待予備軍」として注視していかざるを得ない場合もあるかもしれません。しかし、矛盾するようですが、虐待は「害意の現れ」という点で属人的な現象でありつつ、一方で環境や条件等の背景事情に影響されるものでもあります。タッパーの件でなぜそのような行為をしたのか尋ねた結果、例えば「そのときイライラしていたことは確かだが、同じフロアの別の職員に嫌味を言われ、気持ちよく仕事ができなかった」等という別の要因が明らかになるかもしれません。

　当人の「言い訳」である可能性もありますが、指導する側としてはひとまずそうした釈明をすべて受けとめ、それが事実であるとすれば将来的にどの

ような弊害が生じ得るかを検討します。

　職員間の仲が悪いということであれば、この２人の相性の問題かもしれません。どちらかが一方的に責めるという関係であれば、パワハラ等の問題に発展しかねません。あるいは相手職員が皆に対して嫌味を言うような存在であれば、似たようなストレスを被る職員がほかにもいて、虐待に繋がりかねない「火種」が現場にもっと潜んでいるのかもしれません。

　このように複数の可能性を考え、実際に虐待が起きてしまうことを防止していきましょう。

2　よい気づきは最大限に活かす

　悪い気づきは改善の宝庫ですが、よい気づきもそれ以上に有効です。この施設では、〈図表６〉のようによい気づきを「金、銀、銅」と順位をつけて掲示板に貼り出すことで全職員と情報を共有しています。さらに、金を取った職員（気づきを投稿した職員と、よい行為をした職員の両方）には500円の商

〈図表６〉　気づきシート掲示例

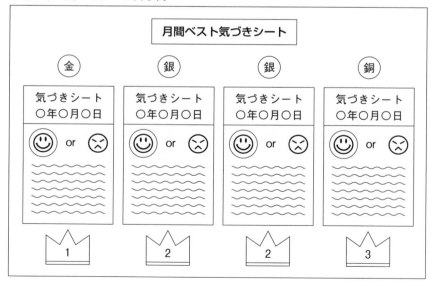

品券を贈呈する等、ちょっとした報酬も用意しました。

　シートは月に最低4枚提出するノルマを課していますが、よい気づきの横には全職員の氏名と、その月に提出された枚数に応じたマグネットが張り付けられています。

　このようにゲーム性や遊び心を取り入れ、日々の取組みを「見える化」することで、「よい行為も悪い行為も他者に見られている」という緊張感をもつことができ、お互いに見習い、切磋琢磨し合う空気が育まれていくのです。

　人はその存在を承認され、ほめられて伸びるものです。よい行いは過剰なくらいほめ称え、お手本として広く現場に伝えるとよいでしょう。先の事例でも、家族から直筆のお礼のメッセージをいただいたのであれば、それをコピーして皆に見てもらう等することで、自分たちの地道な行いがダイレクトに家族の感謝として反映されたとわかり、より頑張ろうというモチベーションに繋がります。

　利用者との何気ない会話や、声がけが丁寧で気配りができる職員には、接遇やコミュニケーション等のテーマで内部研修の講師を務めてもらうのも一案です。人に教えることでより自分の理解や自覚が深まり、他職員にとっても刺激となりいいことづくめです。利用者の喜びや満足に値するよい行いには積極的にスポットライトを当て、「いいね！」と称賛し合う関係を築いていきたいものです。

3　平時の運営方法

　先ほど気づきシートの提出については1人月4枚のノルマと書きましたが、あくまで一例なので施設・事業所の状況や体質に合ったペースややり方で構いません。

　いずれにせよ最初は提出を義務化し、ともかく数カ月続けてみることが大切です。やってみてわかったことですが、これは健康食品やダイエット等と同じく、1にも2にも継続することに意味があります。中途半端に始め、現場の抵抗にあいすぐ立ち消えに……というパターンに陥ることが最悪ですの

で、そうならないよう最後までやり遂げる覚悟を固めてください。その意味では、年間の報告義務が課される虐待改善計画のほうが、目標と締切りがはっきりしており、取り組みやすいかもしれません（もちろん、計画完了後も続けていただきたいところですが）。

　事務局に集められたシートは、よい／悪いに分け、さらに「あいさつ」「介助」「虐待疑い」等ラベリングし、分類していきます。目的は虐待防止なので、明らかに虐待であると思しきケースが上がってきたときには臨時で虐待防止委員会を開催し、これまで説明したような検証を行います。虐待と認定した場合は速やかに行政に報告し、指示を仰ぎます。

　特に目立った事件がない場合は、定期的に虐待防止委員会で一覧表にするなど整理して委員同士で情報を共有し検討します。よい気づきについては職員名が知られても問題ないため、そのまま提供することが多いです。各委員がもち回りで、今月のベスト3を決定し公表します。

　悪い気づきについては扱いに慎重さが求められますが、虐待防止委員会で協議する段階では個人名等を伏せる必要はないでしょう。後日、実際にその行為をした職員にヒアリングするときは、「誰から聞いたか」を明かさないよう注意が必要です。高齢者虐待防止法上、通報者の素性は明かさないよう要請されており、いわゆる密告者が追及されるような事態は避けなければなりません。

　不適切行為をした職員を指導したにもかかわらず改善しない場合や、行為自体が悪質である場合に労務管理上懲戒処分を科していくことは、第8章で述べたとおりです。

4　気づきシートの活用がなかなか定着しない場合

　気づきシートの活用は、お金もかからず組織を活性化し、虐待の芽を摘むことができる効果的な方法ですが、弱点もあります。1つには職員にとって定期的に書くことを探し出し、実際に文章にして提出するという作業は慣れるまで非常に面倒に感じられる、ということです（毎月集計し整理する事務局

側の負担もかなりのものです）。

　その結果、一部のやる気のある職員には定着する一方で、この取組みから脱落し、あるいは不平不満ばかり言う職員も出てきてしまうということが考えられます。実際に筆者の経験したところでも一時期、「悪い気づき」として「書くことが見つからないのに継続する意味が見出せない」「ノルマ制は負担になるのでやめてほしい」といった投稿が増えたことがありました。

　対策としては粘り強く継続するほかないのですが、折をみて気づきシートのそもそもの目的と、なぜ、これを組織として実践しなければならないのかという意義について明確に言語化し説明することが効果的です。参考までに、職員向け説明文の例を紹介します（【書式8】）。

【書式8】　気づきシート作成と提出のルール

職員の皆様へ
　　　　　気づきシート作成と提出のルール
　　　　　　　　　　　　　　　　　　　　　　施設○○
　　　　　　　　　　　　　　　　　　　　施設長　　○○

　日頃、気づきシートの取組みにご協力いただきありがとうございます。おかげ様でだいぶ組織全体に定着してきましたが、職員間でよいケアが広まる等一定の成果もあり、大変喜ばしく思います。
　「よい気づき」については今のまま続けて問題ないものと思いますが、今回「よくない気づき」につき、皆様に新たに認識し、遵守していただきたい点がありますので、以下お伝えします。
　この取組みは、もともと虐待防止の対策の一環として始まったものですが、虐待に繋がる行為を未然に防ぎ、一方で見習いたいよいケアを職員間で広めることにより、当施設の介護ケアの質の向上を目指すものです。
　ところが、最近は所定の枚数を提出しなければならないというプレッ

103

シャーもあってか、「よくない気づき」に以下のようなことが書かれる
ようになりました。

① 施設内の設備に関することや備品の不備など、物理的対応で済むこ
　　とがら
② フロア内で共有し、協議することで解決できると思われることがら
③ 特定の個人の振舞い等につき執拗に糾弾する内容

　①については、まず、事務局に報告するようにしてください。何度申
し出ても一向に改善されず、利用者の安全にかかわるような内容につい
てのみ、気づきシートに書いていただければと思います。
　②については、各人の休憩時間の長さやあいさつの有無、声かけ等が
あげられますが、こうしたことはまず当事者であるフロアの職員同士で
指摘し合い、あるいはフロア長に報告・相談することで解決を試みるよ
うにしてください。
　③については、一概にすべて提出してはならないというものではな
く、虐待と思しき内容であればこれまでどおり報告していただきたいの
ですが、程度問題ということもあり、利用者に対してふさわしい行為か
という観点を忘れないよう留意してください。気づきシートを個人的な
ストレス発散の場や、悪口・非難の応酬の場にしてはいけません。②と
本質は同じですが、面と向き合い、口頭で伝えれば済むところを、あえ
て陰口のように伝えるためのツールではないのです。できる限り直接コ
ミュニケーションをとりあい、チームワークが向上していくことを願い
ます。
　日常業務の中で「気づき」は、よい点も悪い点も沢山あることと思い
ますが、その際、何を気づきシートに記載し提出するかの判断は、最終
的には職員の皆様一人ひとりに委ねられています。施設長の立場から、
具体的に提出すべき明確な基準を示すことはできません。

皆様にあらためてお願いしたいことは、この取組みのそもそもの意義（虐待の予防とケアの質の向上）を常に意識し、そのような視点で日常業務を観察し、これにあてはまる事柄を探し、教えていただきたいということです。

これからもご理解とご協力のほど、よろしくお願いいたします。

以上

いかがでしょうか。気づきシートはあくまで自発的な取組みですから、「こうあらねばならない」という縛りはありません。常に何のために行うのかを忘れることなく、施設の改善や活性化に役立てていただければと思います。

気づきシートのもう１つの利点は、**日々の取組みが可視化され、同時に記録化される**という点です。いいことも悪いことも含めて、現場の発見を監督行政にも見てもらうことができるのです。普段の利用者一人ひとりに関する記録では見えてこない、生き生きとした様子が伝わってくるので、行政としても安心できます。

これが、定期的な内部研修の実施記録やアンケート等しか取組みの証拠となるものがない状態であれば、いくら体裁を調えたところで実態は伝わりません。そのような中で次の虐待事件が起きれば、「真剣に再発防止に取り組んでいないのではないか」と施設全体の姿勢が疑問視されることでしょう。

5 深刻な虐待事件は「虐待ハット報告書」で対応

気づきシートにも弱点があり、何でも気軽に書いてもらえる一方で、情報量が少なく、具体的に「いつ、どこで、誰がどのようなことをしていたか」まで詳しくは記載されない、という問題があります。例えば、「ある職員が利用者を叩いているところを見た」という投稿があったとして、それがいつの出来事なのか書かれていなければ、手がかりとなる情報が少なく真相を究明できないおそれがあります。

　そこで、気づきシートはあくまで気軽に気づいたことを良いことも悪いことも含め書いてもらうツールと位置づけ、より深刻度が高い虐待事案については別途「虐待ハット報告書」（【書式9】107頁参照）を用意することが考えられます。これは事故予防の「ヒヤリハット」にかけて「虐待ハット」としています。

　本当に殴る、蹴るといった明らかな虐待行為を見た場合は、直ちに行政に通報すべきですが、そうともいい切れない場合や、確証がもてないが虐待と認められる可能性が高いケースについては、ヒヤリハット同様、このシートを用いて5W1Hを詳細に報告してほしい、と現場職員に伝えます。

　こうした取組みは正解が決まっているものではなく、施設・事業所ごとに条件や課題も異なるでしょうから、各々の組織に合う形を模索していただければと思います。

【書式9】 虐待ハット報告書（例）

<table>
<tr><td colspan="4" align="center">虐待ハット　報告書</td></tr>
<tr><td colspan="4" align="right">報告年月日：　　年　　月　　日</td></tr>
<tr><td>利用者氏名</td><td>　　　　　　　様</td><td>発見日時</td><td>　　年　　月　　日：</td></tr>
<tr><td>発見場所</td><td colspan="3"></td></tr>
<tr><td>発見（伝聞）した状況（必要に応じて図も記載）</td><td colspan="3"></td></tr>
<tr><td>該当し得る虐待類型</td><td colspan="3">□身体的　□心理的　□介助放棄　□性的　□経済的
□その他（　　　　　　　　）</td></tr>
<tr><td>虐待ではないかと思った理由</td><td colspan="3"></td></tr>
<tr><td rowspan="3">考えられる発生原因</td><td colspan="2">職員の援助方法や資質の問題</td><td></td></tr>
<tr><td colspan="2">利用者の特徴</td><td></td></tr>
<tr><td colspan="2">外的要因(シフト、人員配置等)</td><td></td></tr>
<tr><td>考えられる再発予防策</td><td colspan="3"></td></tr>
<tr><td>今後の対応（虐待防止委員会記録欄）</td><td colspan="3"></td></tr>
</table>

第11章 万一のときのマスコミ対応法

　虐待の予防から発見、対処までの流れは以上のとおりですが、もし、利用者の殺人など大きな事件が起き、マスコミが取材に来たときはどう対処すればよいでしょうか。

　滅多にないことですが、全国ニュースで報道されるような事件が起きた施設は、いずれもこうした対応を迫られるため、知っておいて損はありません。

【マスコミ対応のポイント】

① 　窓口を統一する。

② 　先手で情報を開示し謝罪する。

③ 　情報を小出しにしない。

1　窓口を統一する

　ありがちなのが事務局や現場職員等がそれぞれインタビュー攻勢にあうなどして、事実と異なることや個人的な見解を述べ、施設法人としての統率がとれなくなる事態です。

　大規模な不祥事等が起きると、よくマスコミがこぞって代表者の自宅へ押しかけ、出勤の瞬間を待ち受けたり、出勤途中の社員をつかまえ歩きながらインタビューするといった映像がテレビで流れます。これと同じことが施設でも起こり得ると考えてください。特に職員が警察に逮捕されると、記者クラブにその事実が公表され、地元紙の記者やテレビ局が施設の正門を撮影しにやって来ます。早ければ当日の夕刊に掲載されてしまうでしょう。

　なお、マスコミには報道の自由がありますから、これを施設の立場で止めることは当然できず、報道内容が明らかに事実に反するものであったり、表現等が過剰と思われる場合に抗議をするにとどめたほうが無難です。下手に

マスコミを敵に回すと、報復的に報道を続けられるおそれがあるのです。

　虐待報道はこのようにスピード勝負であるため、万一その事態に陥った場合の組織としての対処法をある程度決めておくことが重要です。先述のように職員らが個別にインタビューに応じ、情報が錯綜すると、隠ぺいや偽装などあらぬ疑いをかけられ、さらに問題が深刻化するので、例えば、窓口を虐待防止委員会の委員長等と決め、「その者が本件については専属的に対応するのでマスコミの接触には応じないように」と全職員に告知しておきます。

2　先手で情報を開示し謝罪する

　マスコミ対応など慣れていない方が多いでしょうから、どうしても恐怖が先立ち後手になってしまい、結果としてしびれを切らしたマスコミ勢から総攻撃をかけられ、あるいは憶測も交えた悪意的な記事が書かれてしまうということが見受けられます。しかし、相手も同じ人間ですから、そう身構える必要はありません。

　ケースによっては判断が難しいこともありますが、基本的に職員が逮捕されるほどの大事件であれば、最低限法人のホームページ上にその点に関するコメントや謝罪文を速やかに掲示するようにしましょう。

　その時点で事実の真偽等が不明であれば、把握できている範囲で記載し、「調査結果を追って報告いたします」と結べば足ります。基本的にマスコミは好奇心で動くため、大事件が起きたにもかかわらずコメントがなかったり不明点が多かったりすると、追究したいという欲求にかられ、文字どおり施設に「突撃」してくるものなのです。だからこそ常に先手で、最低限の情報を提供することで予防線を張っておきたいものです。

　場合によっては文書等での釈明では足りず、謝罪会見等を開催する必要があるかもしれません。これについては行政と相談したうえで決めるのが無難でしょう。

　そうしたことを今後するのか、しないのかも含め直近の見通しをできるだけ早く固め、できれば各メディアにプレスリリースの形でFAX等にて送信

しておきます。

　あわせて必須であるのが、利用者家族への説明と謝罪です。マスコミの報道により不安にさせてしまったことをまずお詫びし、事実の説明や今後の虐待防止に向けた法人としての決意・取組み項目等をできるだけ早く伝えます。方法はメール、FAX、郵送等複数を重畳的に用い、各人が「知らされていない」という状況をなるべくなくすように心がけます。

3　情報を小出しにしない

　ある知合いの新聞記者の方に「なぜ介護施設での事件が炎上することがあるのか」と尋ねたところ、衝撃的な返事が返ってきました。

　「謎の部分があると、面白いから解明するために続けて取材報道する」。

　マスコミは好奇心で動くと書きましたが、世間に視聴されなければ無意味ですから、どうしても世間の人の欲求、「知らないことを知りたい」という思いに従うことになります。建前上、公正さや社会正義を掲げてはいますが、その原動力に純粋な好奇心があることは否定できないでしょう。

　ということは、逆に**「謎」が残らないようにすればよい**のです。そこで「情報を小出しにしない」という方針に行き着きます。受け手であるマスコミの側に疑問や謎が残らないよう、客観的事実を中心にどういうことであったのかを明瞭に、できれば一度で説明し、終わらせます。

　これが、事件の核心部分に施設側にとって不利な事情があり、「できれば伏せておいてやり過ごしたい」といった保身や下心があると逆効果です。どうしても不自然さが残り、その点がかえって目立ってしまい、マスコミは躍起になって真相を究明しようと特集を組むことでしょう。政治家の汚職や大企業の不祥事の事後対応ミスも、基本的には同じ構造です。事態がここまで大きくなった今となっては、そうした小細工は弄せず、常に公明正大に振る舞うことが大切です。施設の存亡の危機であっても、むしろだからこそ、100％利用者と家族のために行動するよう心がけたいものです。

第12章　身体拘束対策

1　悩ましい身体拘束問題

　虐待と同じか、それ以上に現場を悩ませるのがこの身体拘束の問題です。利用者の行動を抑制すれば違法となります。一方で、利用者に自由に動いていただくとその分転倒等事故のリスクは増えてしまいます。〈図表7〉のとおり、身体拘束の問題は利用者の「自由」と「安全」という、突き詰めれば両立し得ない二つの要素のジレンマにおかれているのです。

　身体拘束はゼロであることが理想ではありますが、一方で利用者の安全も確保しなければなりません。拘束が比較的緩やかに黙認されてきた病院と違い、介護・障害の施設はまさにがんじがらめという感がありますが、一方でコンプライアンスの要請は近時高まっています。「身体拘束廃止未実施減算」の罰則が強化されたことは第1章（20頁参照）で述べたとおりですが、実地指導の「抜打ち検査」とも相まって、施設に対するプレッシャーは非常に重いといえるでしょう。

　身体拘束についてはさまざまな見解やスタンスがありますが、筆者は、「安易な身体拘束や事故予防目的の拘束は極力控えるべきだが、暴力を振るい他者を傷つけるおそれのある利用者に対しては、必要に応じ適切に身体拘束ができなければならない」という考えです。拘束は必ずしもすべてが違法ではなく、安全確保のためにいわば「必要悪」として許される場合もあり、いざという

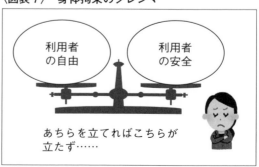

〈図表7〉　**身体拘束のジレンマ**

利用者
の自由

利用者
の安全

あちらを立てればこちらが
立たず……

ときに踏み切ることができなければ意味がないともいえるのです。

それでは、現場では具体的にどのような対策を講じるべきでしょうか。

2　身体拘束廃止未実施減算を科されないために

身体拘束廃止未実施減算とならないためには、21頁記載の算定要件を満たす必要がありますが、実務上重要な以下の 3 点について解説します。

①　身体拘束の適正化の指針をつくり、

②　身体拘束適正化対策検討委員会（以下、「検討委員会」といいます）を開き（以後、3 カ月に 1 回）、

③　年 2 回、および新規採用時に身体的拘束適正化の研修を実施する。

以下、順に解説します。

(1)　身体拘束適正化の指針づくり

ポイントは「利用者の人権を守るため、身体拘束は原則として行わない」という基本的なスタンスをはっきり示すことはもちろん、例外として行う場合の要件（切迫性・非代替性・一時性の 3 要件のすべてを満たした場合のみ行うことができます。詳細は後述します）、および実際に不適切な身体拘束が発見された場合の対応方法（報告、改善等）を網羅していることが重要です。

(2)　検討委員会の設置

検討委員会の構成メンバーは幅広い職種で構成するようにし、メンバーの責務および役割分担を明確にするとともに、専任の身体的拘束等の適正化対応策を担当する者を決めておくことが求められます。

検討委員会では次のような事項について協議・決定します。虐待対策同様、PDCA サイクル（plan、do、check、action）をまわしていくイメージです。

【検討委員会の協議事項】

①　身体的拘束等について報告するための書式を整備すること。

②　身体的拘束等の発生ごとにその状況、背景等を記録するとともに、①の様式に従い、身体的拘束等について報告すること。

③　検討委員会において、②により報告された事例を集計し、分析すること。

④　事例の分析にあたっては、身体的拘束等の発生時の状況等を分析し、身体的拘束等の発生原因、結果等をとりまとめ、当該事例の適正性と適正化策を検討すること。

⑤　報告された事例および分析結果を従業者に周知徹底すること。

⑥　適正化策を講じた後に、その効果について評価すること。

特別養護老人ホームの場合、特別養護老人ホームの設備及び運営に関する基準について（平成12年3月17日老発214厚生省老人保健福祉局長通知）第4、3(3)を参照のこと

検討委員会は独立した委員会として設ける必要はあるものの、既存の「事故防止」あるいは「感染対策」委員会が存在するのであれば、それと一体的に設置・運営してよいとされています。虐待とも表裏一体の関係にあるため、虐待防止委員会を定期開催しているところではこれと同一開催してもよいでしょう。

(3)　年2回の内部研修の実施

指針に基づいた年間の研修プログラムを作成し、定期的な教育（年2回以上）を開催します。新規採用時にも都度研修を実施するようにしなければならないとされており、この点に注意が必要です。年2回しか実施していないために減算対象となったケースがあります。93頁で紹介した研修動画を活用してください。また、研修の実施内容についても記録することを忘れてはなりません。

核となる部分は虐待と同様であり、不必要、過剰な身体拘束は利用者の尊厳を奪う行為であることを理解してもらうことが主目的となります。

身体的拘束はいざ実施する場合の要件や手続が虐待と違い比較的明確であるため、そうした知識を普及・啓発するとともに、(1)の身体拘束適正化の指針づくりの内容もしっかり伝えましょう。

　気をつけたいのは、これらの取組みにつき「行政への報告義務がない」という点です。一見、楽に思えるかもしれませんが、自主努力に委ねられているからこそ恐ろしいといえます。ある日、悪質な身体拘束が発覚し、何の対策も講じていなかったことが発覚してしまい指定取消しに……等ということのないよう、緊張感をもって継続してください。

3　身体拘束問題の考え方

　では、日常業務における身体拘束の考え方や対処法についてみていきましょう。

　例えば、施設で、家族の要望もあり利用者の転倒予防のためにセンサーマットを設置したとします。ところが本人は「ベッドから降りるたびに音が鳴って監視されているみたいで嫌だ」と言っています。この問題についてどのように考えていけばよいのでしょうか。

(1)　身体拘束問題の3ステップ

　身体拘束については、高齢者虐待防止法のような明確な法令が存在せず、厚生労働省手引という指針くらいしかガイドラインとなるものがありません。

　そのため、虐待のように類型別に定義にあてはめ、その成否を検証するといったことができないのですが、明確な規定がないからこそその手順を意識的に構築する必要があります。

　筆者の考える身体拘束対応の手順は以下の3ステップになります。

---

①　身体拘束に該当するか。

②　例外的に許容されるか。

③　身体拘束を実施する際の手続。

(A)　身体拘束に該当するか（ステップ①）

　まず、対象となる行為や現象がそもそも身体拘束にあたるのかを判断する必要があります。ところが身体拘束については意外なことに、**いかなる行為が「身体拘束」に該当するのかを判別するための「定義」が存在しません。**

　本件についても、もしセンサーマットが身体拘束にあたるとすれば、「切迫性、非代替性、一時性」の３要件を満たさなければなりません。その他、利用者に「動かないで！」と声で制止するスピーチロック、薬で動きを緩慢にするドラッグロックなど、言葉はさまざまありますが、いわゆる身体拘束に該当するのか否かという判断基準は、意外にも未だ整理されていないといえるのです（なお、筆者がこの点につき厚生労働省に確認したところ、「現状、身体拘束について明確な法令上の定義は存在しない」との回答でした）。なお厚生労働省手引には、車椅子に体を縛り付けたり、ベッドを柵で囲むといった具体例が11件あげられていますが、一般的な定義の形では定められていません。

　この点につき、施設の運営基準（特別養護老人ホームを例とします）には「特別養護老人ホームは、入所者の処遇に当たっては、当該入所者又は他の入所者等の生命又は身体を保護するため緊急やむを得ない場合を除き、身体的拘束その他入所者の行動を制限する行為（以下『身体的拘束等』という。）を行ってはならない」と定められています（特別養護老人ホームの設備及び運営に関する基準15条4項）。これを手がかりとしてケースごとに判断するほかないようです。

　これを基に考えると、**「特定の利用者の行動の自由を直接的に制限する行為」**はすべて身体拘束に該当する、といえるでしょう。これが定義になります。なお「不特定多数に対する行動制限」まで範囲を広げてしまうと、玄関ドアやエレベーターのロック等も該当することになり、恒常的に行っている離設防止策が事実上とれなくなってしまうため、ここではあえて「特定の」利用者としています。

　「直接的に」とは、物理的に身体を縛る等して拘束する場合、もしくは対

象となる行動を制限することを主目的とする場合を指します。目的に関しては、その行為の態様や程度等の諸般の事情を総合的に考慮したうえで判断します。

　スピーチロック（利用者に対し「動かないで！」等と大声を出すことで動きを制限する行為）については、物理的には対象となる利用者の身体に触るものではないため、その点では「直接」制限するものとはいえないかもしれません。しかし、対象となる行動を制限することを主目的としていることが明らかであるため、身体拘束にあたるといえます。

　同様に「ドラッグロック」という概念（利用者に向精神薬等を過剰に投与することで、落ち着かせる行為）についても、その薬剤の性質や、医学的見地から利用者の治療のために必須といえるかといった観点から、「対象となる利用者の行動を制限することを主目的としている」と認定できる場合には、身体拘束にあたることになります。

　一方、センサーマットについては、マットに着地することでセンサーが発動するだけなので、物理的に直接身体を拘束するものではありません。また、特定の利用者の行動の自由を結果的に制約することとなる可能性はありますが、その主な目的は行動を制限しようとするものではありません（もっとも、センサーが鳴り、職員が駆けつけた後に、毎回利用者の体を押さえつけ、歩かせないようにしているのであれば、利用者の行動の自由の制限が主目的といえ、センサーマットの使用が身体拘束に該当するといえます）。

　したがって、センサーマットは身体拘束にはあたらない、という結論になります。

　本件で悩ましいのは、目的が転倒予防であることは確かなのですが、利用者自身が「監視されている」と感じており、やめてほしいと思っているという点です。これをどう考慮すべきかですが、筆者としては、身体拘束の認定はあくまで客観的事象に基づき判断すべきであるところ、このような被対象者の主観は基本的に考慮すべきではないと考えます。逆の事例として、例えば、利用者から「車椅子からずり落ちるのでベルトで固定してほしい」と言

われ、そのようにしたことを考えると、主観を考慮するならば「本人が希望したので身体拘束ではない」という結論となってしまい不都合です。虐待の認定の際、行為者の「害意」に着目する構造とは対照的ですが、本来、身体拘束と虐待は異なる概念であるためその点は問題ありません。

　いずれにせよ、本人の思いは家族の意向に反することになりますが、センサーマットの使用は、身体拘束にはあたらないとはいえ、実際にどうしていくかについては基本的に**利用者の意思を尊重すべき**でしょう。できれば本人も交え、家族、施設側と三者で面談し、センサーマットの是非について話し合うことが望まれます。もし、センサーマットを取りやめることになったときは、転倒のリスクが高まることを本人や家族に理解していただかなければなりません。

　理解を深めるため、もう１問定義に関する問題をみてみましょう。

【問題】

　歩行にふらつきが見られるが、活発に動こうとする利用者Ａさん（男性）。施設では転倒を予防するために以下の取組みをした。どれが身体拘束にあたるか。

①　動かないよう厳しく口頭で注意し、言うことをきかない場合は身体を押さえつけ、椅子に座らせた。

②　椅子に深く腰かけさせ、テーブルを身体に密着させ、立てないようにした。

③　動いたときすぐ音でわかるよう、利用者の腰に鈴を付けた。

　身体拘束は特定の利用者の行動の自由を直接的に制限する行為であるところ、①、②は利用者の行動を直接的に制限しており、身体拘束にあたることは明らかです。

　③はどうでしょうか。人によっては「鈴がチリチリ鳴る程度なら拘束にはあたらない」と思うかもしれません。しかし、自分の身体に鈴を付けられる

ことを想像してみてください。少しでも動くと音が鳴り、職員だけでなく、ほかの利用者全員からも注目されてしまいます。文字どおり一挙手一投足が見られ、常に監視されているような息苦しさを感じることでしょうし、そもそも鈴を体に付ける行為は、人間を猫のように扱うものであり、非人道的といえます。先のセンサーマットの事例との違いは、鈴の場合は24時間、絶え間なく音が鳴り、周囲に注目されてしまうという点にあります。

　したがって、「特定の利用者の行動の自由を直接的に制限する行為」に該当すると判断すべきと考えます。

　　(B)　例外的に許容されるか（ステップ②）

　身体拘束に該当するとしても、以下の3つの要件をすべて満たすのであれば例外的に許されます。

【身体拘束が許されるための要件】

　①　切迫性　　利用者本人または、ほかの利用者の生命または身体が危険にさらされる可能性が著しく高いといえること。

　②　非代替性　身体拘束以外に代替する介護方法がないこと。

　③　一時性　　身体拘束が一時的なものであること。

　重要なことはこの構造を認識し、実務で履行することであり、「身体拘束＝すべて違法であり、許されない」等と即断してはいけません。「身体拘束ではあるが、例外的に許される」場合があるのです。

　先の【問題】②（117頁参照）の事例にあてはめてみましょう。この利用者が施設内を歩行するのは日常的な行為であり、「切迫性」があるとは認められません。よって違法な身体拘束となります。

　【問題】③（117頁参照）の事例はどうでしょうか。切迫性がない点は②と同様ですが、「非代替性」が認められないという点も明らかといえるでしょう。わざわざ鈴を付けるという、まるでペットに対するかのような行為をすることは相手の尊厳を損なうものであり、人権保障の観点からも許されません。

(c)　虐待と身体拘束の関係

　ここで身体拘束と虐待の関係について整理しておきましょう。両者は、極めて近しい関係にありますが、違法な身体拘束はすべて虐待と認定されるのでしょうか。

　この点について、厚生労働省マニュアルによれば、「緊急やむを得ない場合」を除いて身体拘束は原則としてすべて高齢者虐待に該当する、とされています。

　したがって、この見解によれば、先の【問題】①②③（117頁参照）の事例を発見した者は、直ちに行政に虐待として通報しなければならないことになります。

　しかし、筆者は、この見解（「違法な身体拘束＝虐待」とする見解）には疑義があります。高齢者虐待防止法における身体的虐待は、「高齢者の身体に外傷が生じ、又は生じるおそれのある暴行を加えること」（2条4項1号イ）と定義されており、障害者虐待防止法における身体的虐待の定義「障害者の身体に外傷が生じ、若しくは生じるおそれのある暴行を加え、**又は正当な理由なく障害者の身体を拘束すること**」（2条6項1号イ）（太字は筆者）とは異なり、身体拘束については言及していないからです。

　もちろん、法律に書いていないからといって「高齢者の身体拘束は虐待にはあたらない」と言いたいわけではありません。違法な身体拘束であり、かつ身体的虐待にも該当するというケースもあるでしょう。しかし、現実問題として考えると、一度でも虐待と認定されれば、そのケースは直ちに市町村に「通報」する義務が生じます。すると、「利用者の体に鈴を付けた」といった判断が曖昧なケースまでいちいち通報することになり、その結果、現場は混乱し、収拾がつかなくなることが懸念されるのです。

　虐待も違法な身体拘束も、先述したとおりコンプライアンス上、問題がある行為であることに変わりはありません。しかし、それぞれによってしかるべき対応がなされるべきであり、全く同一の対応がなされればよい、というものではないと筆者は考えます。

　虐待と違法な身体拘束に共通して重要なことは、介護現場の職員が「**利用者一人ひとりの人権や尊厳を守り、最大限の行動の自由を保障する**」と決意することです。「自由を保障すること」と「身体の安全を守ること」は一見矛盾するようですが、安全を守ることを身体拘束の言い訳にするのでは本末転倒であることは確かです。

　法的に評価して施設側に責任があるとされるのは、転倒等の事故につき事前に具体的な予見可能性（事故の発生が予測できること）があり、それでも事故防止の努力を怠ったといえる場合です。

　そのような観点から、安易に身体拘束につながる行為をせず、できる限りの安全確保の工夫を続けることが、これからますます重要な取組みとなっていくでしょう。

　　(D)　身体拘束を実施する際の手続（ステップ③）――同意は必須ではない

　身体拘束に該当し、身体拘束が許される 3 要件も満たすと認められた場合、実際に身体拘束を行っていくことになりますが、そのためにはいかなる手順を踏む必要があるでしょうか。

　ここで、利用者や家族の「同意」が必要かという問題を考えてみましょう。例えば、次のような事例はどのように考えたらよいでしょうか。

【相談事例】

　ある利用者の採血をする必要があり、看護師が実施しようとしたところ抵抗され、興奮して暴れられました。

　注射針が間違った箇所に刺さる危険があるため、その看護師はとっさにその場にいた介護職員に声をかけ、利用者の腕を押さえてもらいながら採血を完了させました。その間も利用者は嫌がって大声を出しており、フロアのリビングだったのでその場にいた他の利用者や家族も「何事か」と注目していたそうです。

　今まではこうしたことも、採血という必要な行為の一環なので特に問題視していなかったのですが、今年から身体拘束適正化委員会を設置するようになり、これも身体拘束の一種ではないかと思うようになりました。もし、そうであるならば、厚生労働省の示す3要件を満たすと同時に、家族の同意を得なければなりません。ところがこの利用者には身寄りがなく、認知症も進んでいますが成年後見人等もついていないのです。このような場合は実質同意を得ることもできませんが、どうすればよいのでしょうか。

　意外に思われるかもしれませんが、身体拘束を例外的に実行する際に利用者本人や家族の同意を得ることは絶対の要件ではありません。

　厚生労働省手引には「緊急やむを得ない場合の対応」として切迫性、非代替性、一時性の3つの要件を満たすほか、「利用者本人や家族に対して、身体拘束の内容、目的、……期間等をできる限り詳細に説明し、十分な理解を得るよう努める」とはありますが、「家族の同意を得ること」とは書かれていません。特別養護老人ホームほか施設の運営基準の定め方も同様です。

　なお、厚生労働省に発出された様式の1つである「緊急やむを得ない身体拘束に関する説明書」をみると、末尾の家族記入欄には「説明を受け、確認いたしました」とあり、同意とは書かれていません（【書式10】122頁参照）。このように、実は身体拘束を実施する場合には本人や家族の「同意」を必ず書面で得なければならないということではないのです。

　この点についても、念のため厚生労働省に確認しましたが、同意書面は必須ではないとの回答を得ました（なお、施設形態ごとに構成される協会等の出す指針のひな形には、同意を要件と定めるものもあります。そのように定めることは可能なのですが、法令上必須ではなく、あくまでその組織の判断で上乗せの要件として定めているということです）。

　逆に、同意さえ得ればどのような拘束でもしてよいということでもなく、あまり同意という要件に振り回されないよう注意が必要です。

【書式10】　緊急やむを得ない身体拘束に関する説明書

【記録1】

緊急やむを得ない身体拘束に関する説明書

○　○　○　○　様

1　あなたの状態が下記のＡＢＣをすべて満たしているため、緊急やむを得ず、下記の方法と時間等において最小限度の拘束を行います。

2　ただし、解除することを目標に鋭意検討を行うことを約束いたします。

記

A	入所者（利用者）本人又は他の入所者（利用者）等の生命又は身体が危険にさらされる可能性が著しく高い
B	身体拘束その他の行動制限を行う以外に代替する看護・介護方法がない
C	身体拘束その他の行動制限が一時的である

個別の状況による拘束の必要な理由	
身体拘束の方法〈場所、行為（部位・内容）〉	
拘束の時間帯及び時間	
特記すべき心身の状況	
拘束開始及び解除の予定	月　　　　日　　　　時から 月　　　　日　　　　時まで

上記のとおり実施いたします。
　　令和　　　年　　　月　　　日

　　　　　　　　　　　　施設名　代表者　　　　　　　印
　　　　　　　　　　　　　　　　記録者　　　　　　　印

（利用者・家族の記入欄）

上記の件について説明を受け、確認いたしました。 　　令和　　　年　　　月　　　日 　　　　　　　　　　　　　　　氏名　　　　　　　印 　　　　　　　　　　　　　　　（本人との続柄　　　　　）

（厚生労働省手引を基に作成）

⑵　具体的あてはめ

それでは、前掲・【相談事例】（120頁参照）について３ステップに沿って考えていきましょう。

(A)　ステップ①――身体拘束に該当するか

本件では「採血を安全に遂行するため」に利用者の腕を押さえたといえますが、それは利用者が抵抗して暴れたからであり、本来採血の際に必ずしなければならない行為ではありません。したがって、合理的理由は認められず、直接利用者の行動の自由を制限している以上、身体拘束にあたると考えます。

(B)　ステップ②――例外的に許容されるか

①　切迫性（利用者本人または他の利用者等の生命または身体が危険にさらされる可能性が著しく高いこと）

　　利用者が暴れたのは採血を強行しようとしたためであり、採血を中止すれば身体拘束をする必要もなかった。したがって、どうしてもその時点で採血を完了しなければならなかったかが判断基準になるところ、医師の往診時に対応してもらう、利用者が比較的落ち着いている時期を見定めるなど時間帯をずらすことは可能であった。よって、無理に今採血を強行する必要性は認められず、切迫性も存在しなかったものといえる。

②　非代替性（身体拘束その他の行動制限を行う以外に代替する介護方法がないこと）

　　切迫性と同様、腕を押さえたのはそれだけ利用者が興奮していたからといえるが、そもそもそこまで利用者を興奮状態に追い込む必然性が前提として認められないため、非代替性も認められない。時間をかけて落ち着かせてから再度試みる、医師の立会いの下再検討するといった対応が考えられる。

③　一時性（身体拘束その他の行動制限が一時的なものであること）

　　これは採血の間だけに限られるため、満たすものと考えられる。

　以上より、切迫性、非代替性の要件を満たさないため違法な身体拘束であり許されないという結論になります。

　　　ⓒ　ステップ③──身体拘束を実施する際の手続

　仮に3要件を満たしたとして、本件のように身寄りのない方については「同意」についてはどのように考え、対応すればよいのでしょうか。

　前述のとおり、必ずしも同意書を取得する必要はないのですが、理想としては本人や関係者が少なくとも状況を理解していることが望ましいとはいえます。万が一、けが等が生じたときに、苦情や損害賠償請求に発展するおそれがあるためです。

　もし、やむを得ず身体拘束をする場合には、身寄りがない場合、利用者本人に、なぜ身体拘束をするのかにつき、ひととおり説明を試みるべきといえるでしょう。あるいは地域包括支援センターや管轄市区町村の高齢者支援課等、適切な部署に相談することができれば安心です。

　いずれにせよ、身体拘束を原則として禁止した根本的な理由は、**利用者の自由と尊厳を守ること**にあります。事業所としてはルールを完全に守ることではなく、常に問題意識をもって1つひとつの拘束を見直すことが求められています。その意味では、今回の相談者の「気づき」こそが重要であり、これからもそのような意識を大切にしていただきたいと思います。

　　　ⓓ　実施前後の記録

　身体拘束を実行する場合は、特定の書式を義務づけられているものではありませんが、「緊急やむを得ない身体拘束に関する説明書」【書式10】122頁参照）のように例外として認められるための3要件を満たすことを意識的に記録し、実施後は利用者の日々の心身の状態等の観察結果や、拘束解除に向けた再検討結果等をできるだけ丁寧かつ小まめに記録するようにします。これは普段の介護日誌等に書き込んでも問題はないのですが、やはり身体拘束という特殊な処置であるため、専用の記録を用意したほうが望ましいといえます。

　身体拘束については個別で悩ましい問題が多いため、これまで論じられた

内容に含まれない疑問点については第3部のQ&A（Q44以下）をご参照ください。

⑶　**まとめ**

以上、虐待と身体拘束について横断的に解説しましたが、いかがでしたでしょうか。

やるべきことのあまりの膨大さに圧倒された方もいるかもしれません。しかし「千里の道も一歩から」です。特に気づきシートの取組みがおすすめですが、このような地道な取組みを地道に続けることで、現場と上層部が繋がり、徐々に風通しのよい体質に組織が変わっていくことが実感できるものと思います。よりよい施設・事業所を目指してがんばってください。

第13章　在宅における虐待防止策

　21頁で述べたように、令和3年度介護報酬改定により、令和6年4月より
ケアマネージャーや訪問介護など、あらゆる在宅事業所を含む全事業所が下
記対応を義務づけられました。

　本章で、在宅（域密着型含む）における虐待防止策に特化して解説します。

　まず、厚生労働省の介護保険最新情報vol.945（令和3年3月19日）をおさ
えておきましょう。ここに、以下記述する対応の詳細がすべて書かれていま
す。原典にあたる余裕がない方はこのまま読み進めてください。

　事業所がしなければならないことは以下の4つです。

---

　①　虐待防止に関する運営規程と指針の整備

　②　虐待防止に関する定期的な委員会の開催

　③　定期的な内部研修の実施（新規採用職員については、採用の都度）

　④　担当者（責任者）を定めること

　繰り返しになりますが、全事業所が対象となっています。1人ケアマネの
事業所であろうと例外ではありません。ただし、これはあくまで形式的に「事
業所ごとに」対応が求められているにすぎず、指針や運営規程等の中身は同
一でも構いません。また、委員会等もいくつかの事業所が集まり合同開催す
ることが可能です。

　これらの活動を、虐待の未然防止、虐待等の早期発見、虐待等への迅速か
つ適切な対応という3つの観点から実施することが求められます。

　これらの取組みは法令上最低限求められることであり、実施したからといっ
て現実に虐待が発生しなくなるという保証はありません。だからこそ少しで
も有効なものとなるよう、各自がよく考え積極的に取り組むことが重要です。
以下項目ごとにポイントを解説します。

1　虐待防止に関する運営規程と指針の整備

(1)　運営規程と重要事項説明書の整備・記載

運営規程と連動して、利用者に交付する重要事項説明書にも虐待防止について記載する必要があります（虐待の防止のための措置に関する事項）。

運営規程には次のように記述すれば足ります。

【書式11】　虐待防止に関する運営規程（例）

第○条（虐待防止に関する事項）

事業所は、虐待の発生またはその再発を防止するため、次の各号に掲げる措置を講じるものとする。

(1)　虐待の防止のための対策を検討する委員会を定期的に開催するとともに、その結果について、従業者に周知徹底を図る。

(2)　虐待の防止のための指針を整備する。

(3)　従業者に対し、虐待の防止のための研修を定期的に実施する。

(4)　前3号に掲げる措置を適切に実施するための担当者を置く。

2.　事業所は、サービス提供中に、当該事業所従業者または養護者（利用者の家族等高齢者を現に養護する者）による虐待を受けたと思われる利用者を発見した場合は、速やかに、これを市町村に通報するものとする。

【書式12】　重要事項説明書記載（例）

○.　虐待防止について

事業者は、利用者等の人権の擁護・虐待の防止等のために、次に掲げる通り必要な措置を講じます。

(1)　虐待防止に関する責任者を選定します。

虐待に関する責任者　　○○

(2)　成年後見制度の利用支援を行います。

(3)　苦情解決体制の整備を行います。

(4)　従業者に対する虐待の防止を啓発・普及するための研修を実施しています。

(5)　当該事業所従業者または擁護者（現に養護している家族・同居人等）による虐待を受けたと思われる利用者を発見した場合は、速やかにこれを市町村に通報します。

(2)　指針の整備・記載

　問題は指針であり、上記運営規程とは別に定めなければなりません。そして注意すべきことは、この指針に定めるべき事柄は介護保険最新情報Vol.945やその引用元である運営基準の解釈通知（ケアマネージャーの場合、3「運営に関する基準」⑵）で細かく定められており、コンプライアンスの観点からはそれらすべてを網羅しなければならないという点です。以下掲載します。

　イ．事業所における虐待の防止に関する基本的考え方

　ロ．虐待防止検討委員会その他事業所内の組織に関する事項

　ハ．虐待の防止のための職員研修に関する基本方針

　ニ．虐待等が発生した場合の対応方法に関する基本方針

　ホ．虐待等が発生した場合の相談・報告体制に関する事項

　ヘ．成年後見制度の利用支援に関する事項

　ト．虐待等に係る苦情解決方法に関する事項

　チ．利用者等に対する当該指針の閲覧に関する事項

　リ．その他虐待の防止の推進のために必要な事項

　施設においては身体拘束適正化の取組みの中で指針も整備されており、ウェブ上でも参考になるようなひな形がいくつもみつかるのですが、在宅となると全員にとって未知の世界であり、何を手がかりとしてよいかわからず悩むという方も多いことでしょう。

　そこで以下、筆者が作成したサンプルを掲載します。上記イからリまでの項目をそのまま【書式13】内の項目1〜9としています。なお、これは在宅向けとしてありますが、基本的には施設においても通用する内容となっているため、同じく参考としていただくことができます。

【書式13】　虐待防止の指針

虐待防止の指針

株式会社○○
訪問介護ステーション○○

　当事業所における虐待防止のための指針を、次の通り定める。

1　事業所における虐待の防止に関する基本的考え方
　　高齢者虐待は人権侵害であり、犯罪行為に該当することもある許されざる行為である。
　　当事業所は、高齢者虐待防止法の理念に基づき、高齢者の尊厳の保持・人格の尊重を重視し、権利利益の擁護に資することを目的に、高齢者虐待の防止とともに高齢者虐待の早期発見・早期対応に努め、もって高齢者の権利利益の擁護を実現する。

2　虐待防止検討委員会その他事業所内の組織に関する事項
　(1)　事業所内に、虐待防止検討委員会（以下、「委員会」という）を設置する。
　(2)　委員会は、年1回の定期的開催（以下、「定期委員会」という）と、虐待被疑事件が発生した場合の適宜開催（以下、「適時委員会」という）の二種類とする。
　　　なお委員会は定期・適時ともに同一の主体が行い、構成員等は変わらない。
　(3)　委員会の構成員は○名とし、委員長と副委員長を各一名、互選により選出する。
　　　委員長は虐待防止の一連の措置を適切に実施するための担当者を兼任する。
　　　副委員長は委員長の業務を補佐し、委員長不在など緊急時には委員長の代役を務める。
　　　委員会の議事録を作成する書記を一名、委員会ごと（/定職として）に選出する。
　(4)　委員会内に、虐待が疑われる場合の相談・通報窓口を設ける。窓口担当者は一名を委員会において互選で定め、持ち回りとし、委員以外の者とすることもできる。
　(5)　定期委員会は、主に組織体制や研修など運営に関する事柄を扱い、適時委員会は通常業務において発生する事件に随時対応するものとする。
　(6)　定期委員会は、主に次の事項について検討する。ただしホ．ヘ．ト．については、一定期間内に生じた各事件につき、適時委員会において適宜検討した事項を総括的に評価・検討するものとする。
　　イ．委員会その他事業所内の組織に関すること
　　ロ．虐待の防止のための指針の整備に関すること
　　ハ．虐待の防止のための職員研修の内容に関すること
　　ニ．虐待等について、従業者が相談・報告できる体制整備に関すること
　　ホ．従業者が高齢者虐待を把握した場合に、市町村への通報が迅速かつ適切に行われるための方法に関すること

　　へ．虐待等が発生した場合、その発生原因等の分析から得られる再発の確実な防
　　　　止策に関すること
　　ト．前号の再発の防止策を講じた際に、その効果についての評価に関すること
　(7)　適時委員会は、養護者（利用者の家族等）による虐待や職員による虐待が疑わ
　　　れる場合、もしくは職員その他関係者から虐待通報や虐待に関する相談がなされ
　　　た場合に速やかに開催することとし、主に次の事項について検討する。
　　イ．問題とされる事実の確認
　　ロ．問題とされる事実の評価（虐待認定）
　　ハ．虐待認定した場合の市町村への通報
　　ニ．虐待認定しない場合の組織的対応の検討
　　ホ．職員が虐待をした場合の同人に対する処遇（懲戒処分等）に関する人事部と
　　　　の連携
　　へ．職員が虐待をした場合の被虐待者への謝罪や法的責任の履行に関する検討
　　ト．職員が虐待をした場合の関係者への謝罪や対外的な事実公表に関する検討
　　チ．虐待等が発生した場合、その発生原因等の分析から得られる再発の確実な防
　　　　止策に関すること
　　リ．前号の再発の防止策を講じた際に、その効果についての評価に関すること
　(8)　委員会で協議し決定した事項は、事業所従業員全員に周知徹底する。
　(9)　委員会の議事録のうち個別事件に関する部分については、秘匿性の高い情報を
　　　扱うため原則として非公開とし、法令の定めにより開示すべき場合にのみ対応す
　　　る。

3　虐待の防止のための職員研修に関する基本方針
　　虐待の防止、早期発見と発生時の速やかな被虐待者保護を実効化するため、定期
　的な研修（年 1 回以上）を実施するとともに、新規採用時に虐待防止のための研修
　を実施する。
　　研修の内容としては、虐待等の防止に関する基礎的内容等の適切な知識を普及・
　啓発するものであるとともに、本指針に基づき、虐待の防止の徹底を行うものとす
　る。
　　研修の実施内容は、都度委員会において記録し保管する。

4　虐待等が発生した場合の対応方法に関する基本方針
　(1)　何人も、高齢者虐待防止法に定める虐待（身体的、心理的、性的、経済的、不
　　　作為による虐待）を受けたと思われる高齢者を発見したときは、速やかに関係機
　　　関と連携し高齢者の生命・身体・財産の保護に努める。
　(2)　虐待が起きたことが明らかな場合や、被害が深刻であるなど緊急性が高い場合、
　　　「虐待を受けたと思われる」場合は適時委員会を通す必要はなく、直ちに市町村
　　　または地域包括支援センターに通報すること。その際、委員会にも並行して相談・
　　　連絡・報告すること。

(3)　虐待の有無が不明である場合や、虐待と認定すべきかわからない場合は、適時委員会に都度速やかに報告・相談すること。その後、委員会が不適切と思われる対応をしたと思われる場合は、「虐待を受けたと思われる」事案として各自の判断で市町村または地域包括支援センターに通報して構わない。

(4)　虐待認定に際し、虐待をする者・されている者の自覚は問わない。

(5)　虐待の通報者は、通報をしたことを理由として、解雇その他不利益な取扱いを受けない。また通報者の特定に資する情報を漏らしてはならない。

(6)　虐待の事実誤認により相談・通報をしたとしても秘密漏洩や守秘義務違反に問われることはない。

5　虐待等が発生した場合の相談・報告体制に関する事項

(1)　相談窓口は原則として営業時間内に対応するが、緊急性の高い場合は被虐待者の生命・身体・財産の保護を優先し柔軟に対応する。

(2)　口頭での報告や相談を受け付ける窓口とは別に、24時間受信可能なメールやSNSの体制も整備する。

(3)　相談・報告を受けた場合、窓口担当者は速やかに委員会に報告し、原則として適時委員会を開催する。

(4)　相談者や通報者の特定に資する情報は保護され、虐待者等に知られてはならない。

(5)　相談・報告の記録は都度窓口が作成し、万全なセキュリティ策を講じたうえで保管する。

6　成年後見制度の利用支援に関する事項

虐待防止と権利擁護の観点からは、以下のような状況に応じて成年後見制度を活用することも必要である。虐待者が家族の場合は、後見申立を期待できないため、他の4親等内の親族を調査するか、行政に対し市区町村長による申立を積極的に求めることとする。

(1)　身体的虐待や不作為による虐待（ネグレクト）等が原因で、老人福祉法上の措置により特別養護老人ホームなどに入所させたが、被虐待者が認知症等である場合

(2)　認知症の被虐待者が、親族等から経済的虐待を受けている場合

(3)　虐待を受けておらずとも、独居等、身近に保護者となる者がいない認知症者が詐欺や押し売り等の被害にあい、または被害にあうであろうことが予想される場合

(4)　虐待を受けておらずとも、独居等、身近に保護者となる者がいない認知症者が自身の生活環境を維持できず、生命の維持が危ぶまれる状態となることが予想される場合（セルフネグレクト）

7　虐待等に係る苦情解決方法に関する事項

(1)　虐待通報後、虐待者から問い合わせや苦情が来た場合は委員会に報告し、以後

委員会において対応する。このとき、通報者の氏名等を聞かれても開示してはならない。

(2)　虐待通報後、虐待者から恫喝等違法な行為をされた場合は、速やかに警察に通報し毅然と対処する。

(3)　養護者が虐待者である場合は、養護者の負担の軽減のため、養護者に対する相談、指導および助言その他必要な措置を講ずるものとする。

8　利用者等に対する当該指針の閲覧に関する事項
　　本指針は利用者・家族や関係機関がいつでも閲覧できるよう事業所内に掲示し、またホームページに掲載する。

9　その他虐待の防止の推進のために必要な事項
　　本指針に記載のない対応マニュアル等の詳細については、○○市高齢者虐待対応マニュアルに基づいて対応する。

附則
本指針は、令和 4 年 1 月 1 日より施行する。

以上

作成の際の参考としていただければと思いますが、ポイント（特徴）を以下解説します。

(3)　指針作成のポイント

(A)　委員会を 2 種類で構成する

【書式13】項目 2 (2)において、「定期委員会」と「適時委員会」の 2 種類を定めています。

次項とも関係しますが、法令では虐待防止委員会は「定期的に」開催することしか求めていません。しかし、例えばケアマネージャーであれば、担当利用者について同居家族やデイサービス等から虐待された、といった懸念があればその都度通報に向けた協議検討をすることになるでしょう。それは現場で都度起きる事件に合わせて開催することとなるため、定期的なものとは別に事件ごとに開催する適時委員会も設けてみました。

これはあくまで筆者の私案によるものであり、不定期に行う検討を特段「適時委員会」等と名付ける必要もありませんので、最終的には事業所ごとに検

討し仕組みを構築していただければと思います。

　ただ、年1回定期委員会を開催するときに、現実問題として「振り返る事例の蓄積がない」という問題が生じるのではないかと思われました。

　いい換えれば、この1年間どのような虐待被疑事件があり、どのように解決したかを記録しておけば、定期開催する委員会で反省や総括がしやすいのではないかと考えます。このように適時委員会と定期委員会を繋ぐことで、より虐待予防の実効性が高まることでしょう。

　　(B)　「虐待の有無が不明である場合や、虐待と認定すべきかわからない場合は、適時委員会に都度速やかに報告・相談すること」としていること

　【書式13】項目4(3)の規定です。これは、ともすれば虐待を覚知しても市町村に通報させない、いわゆる「隠蔽」を疑われかねないため誤解のないよう説明や運用に細心の注意を払う必要があります。すなわち、高齢者虐待防止法は、虐待を受けたと思われる高齢者を発見したときは速やかな市町村への通報を求めているところ、法令に照らせば委員会に報告・相談をする必要はないはずです。しかし現実には、一職員の立場では判断できず、自信もないというケースも多いことでしょう。そのような実態を踏まえ、運営基準も「従業者が相談・報告できる体制整備」を委員会に求めているといえます。

　その観点から委員会への報告相談を案内することとしましたが、決して「虐待を見聞きしても、必ず委員会に報告しなければならない」、あるいは「委員会に報告しさえすれば自分の役目は終了であり、後のことは考えなくともよい」といった誤解をされないよう注意しなければなりません。自分では虐待が成立していると認識しても、報告した先の委員会が動かなければ「もみ消し」と同じことになりかねないためです。そのような場合は、一職員の判断で直接市町村に通報しなければなりません。委員会に報告相談機能を設ける以上、その点をよく職員に説明し、理解を求める必要があります。

　　(C)　成年後見制度の利用支援に関する事項

　この項目も法令の要請に含まれていたため記載しましたが、肝心の中身に

ついてどう書けばよいか、手がかりとなるものが見当たりませんでした。そこでやむを得ず筆者がオリジナルで考案したものが【書式13】の項目 6 になります。そもそも、「虐待」と「後見制度」がどう結びつくのかピンとこない方も多いかと思います。これは実務を知れば納得できるのですが、例えば「家庭内虐待がエスカレートし高齢者の生命身体が危ぶまれる」という場合は行政の権限で老人福祉法に基づく「措置処分」を行い、高齢者を強制的にショートステイや特養等に隔離し虐待者（養護者）と引き離すということがあります。もちろん居場所はその養護者には知らされませんが、行政は措置後に「後見人の申立」を市区町村長名義で家庭裁判所に申し立て、弁護士等の専門職が後見人に選任されます。それ以降は当該後見人が引き継ぎ、高齢者の年金等財産から入居費用等を支出し生活を管理するという流れです。

このように、後見人が就くことで経済的虐待等から高齢者を保護することができることから、指針においても策定が求められたものと思われます。しかし、何を定めるべきかを指導してくれなければ途方に暮れてしまいますね。この点についても厚生労働省に質問したのですが、手がかりはゼロとのことでした。

指針の中では、虐待にはあたりませんが同様に保護の必要性が高い状況である、いわゆるセルフネグレクトについても言及しています。これを参考に指針を作成いただければと思います。

　　(D)　事業所が家庭内虐待を通報後、養護者から恫喝等された場合

前述のように、家庭内虐待においてケアマネやヘルパーが通報すると、具体的に誰が通報したかについては伏せられるとしても、虐待者である養護者は「ケアマネしか考えられない」等と推測し感情的に事業所に食ってかかる場合があります。「親をどこにやったのか教えろ」等と迫られても、決して開示してはいけません。ケアマネが剣幕に押されつい措置先の施設名を答えてしまい、今度は施設で修羅場に……というトラブルを多く見聞きします。

このような、実務で起こりかねない事態についても想定し【書式13】の項目 7 で定めています。

134

2　虐待防止に関する定期的な委員会の開催

(1)　委員会で検討すべき事柄

前項で述べたとおり、委員会は定期委員会と適時委員会の2本立てで構成するとよいでしょう。運営基準の解釈通知が定める、委員会で検討すべき事柄は以下のとおりです。

イ．虐待防止検討委員会その他事業所内の組織に関すること

ロ．虐待の防止のための指針の整備に関すること

ハ．虐待の防止のための職員研修の内容に関すること

ニ．虐待等について、従業者が相談・報告できる体制整備に関すること

ホ．従業者が高齢者虐待を把握した場合に、市町村への通報が迅速かつ適切に行われるための方法に関すること

ヘ．虐待等が発生した場合、その発生原因等の分析から得られる再発の確実な防止策に関すること

ト．前号の再発の防止策を講じた際に、その効果についての評価に関すること

どの程度の頻度で開催するかは自由ですが、例えば年1回委員会を開くとして、何を話し合うかが問題となります。

そして、前項でも述べたことですが、立ち上げ当初は指針の整備や年間研修計画など、体制確立に向け、やることがあるものの、そのうち話し合うことが減ってきます。施設では、よく「委員会で話すことがない」という悩みを聞きますが、現実に虐待やグレーなケース（虐待とは言い切れないが、不適切と思われるもの）が存在するのであれば、そうした実例を取り上げるとよいでしょう。

そのためには、実際に事件が起きるごとにその事件について話し合い、記録しておく必要があります。そこで筆者は、定期的な委員会だけでなく、協

議すべき事件が起きる都度「適時委員会」を開催することを提唱しています。例えばケアマネの事業所であれば、養護者による虐待と思われる事件が年間に 2 件起きたとして、定期委員会でその 2 件について事業所として対応した経緯を振り返り、総括するということをされるとよいでしょう。

⑵　委員会の議事録作成方法

　虐待防止委員会の議事録は、どのように作成すればよいでしょうか。この点についても手がかりがなかったため、作成してみました。基本的に体裁や内容は自由ですが、①何が起きたのか、②何が問題か（どの虐待類型にあてはまり得るか）、③検討した経緯、④結論は記録しておく必要があります。後から検証や実のある議論ができるように、検討プロセスを中心に記録に残すよう心がけたいものです。

【書式14】　虐待防止委員会議事録

令和　年　月　日実施
株式会社○○
居宅介護支援事業所○○

虐待防止委員会議事録

　下記ご利用者につき、虐待の有無や対応策の検討経緯と結果を記録する。

1　委員会出席者
　○○（委員長）○○（委員）○○（外部専門委員）○○（書記）

2　対象となるご利用者情報
　（氏名）Ａさん
　（住所）○○
　（年齢、要介護度）81歳　要介護3　（既往歴）高血圧　肺癌
　担当ケアマネージャー：○○

3　疑われる虐待の類型
　心理的虐待、経済的虐待

4　虐待をしたことが疑われる養護者

利用者の長男Ｂさん
利用者と同居、不定期に就労しているとの話

5　問題となる行動

(1)　心理的虐待について

　　○月○日、担当ケアマネがモニタリングで自宅訪問した際、呼び鈴を鳴らしても応答がなく鍵が開いていたので入室すると、部屋の奥から「さっさとしろ！」「これ以上、手間をかけさせるな」という大声が聞こえた。しばらくしてＢさんが現れたが興奮しており呼吸が荒く、普段と様子が違っていた。

　　話を聞くと、利用者のＡさんが失禁し、着替えをしようとしたがＡさんが動こうとせず、カッとなり怒鳴ってしまったという。

(2)　経済的虐待について

　　これまではみられなかった傾向だが、４月頃からＢさんがＡさんの通帳から勝手にお金を引き出し、パチンコに通うようになったらしい。Ａさんと同じデイサービスに通うご利用者が駅前のパチンコ店でＢさんを何度か見かけたと担当ケアマネに教えてくれた。

　　前回モニタリング時に、デイサービスの回数増加を提案したがＢさんが「そんな余裕はないし、デイは意味がないと思っている」といい否定された。Ａさんの食事は最近もっぱらＢさんの買ってくるコンビニ弁当のみであるらしく、デイではＡさんは貧血気味で体重も落ちてきている。このままではＡさんの健康状態が危ぶまれる。

6　検討事項

(1)　心理的虐待について

　　○月○日のＢさんの言動が「高齢者に対する著しい暴言又は著しく拒絶的な対応その他の高齢者に著しい心理的外傷を与える言動」に該当するか。

(2)　経済的虐待について

　　ＢさんがＡさんの預貯金を使い込んでいるとして、「養護者又は高齢者の親族が当該高齢者の財産を不当に処分することその他当該高齢者から不当に財産上の利益を得ること」に該当するか。

7　各委員の発言や議論

　　委員長：Ｂさんも介護疲れが目立ってきており、今回のことだけで虐待と認定し
　　　　　　通報するのはあまりに酷な気がする。

　外部委員：Ｂさんにヒアリングし、現状をどうとらえているか、問題意識を持って
　　　　　　いるのか、無いとして、説得等に応じてもらえそうかが重要と考える。
　　　　　　現場ではどのような認識か。

　○○委員：担当ケアマネの報告によれば、まだＢさんとは一連の件について踏み込
　　　　　　んだ話し合いはできていないと聞いている。

　外部委員：……

8　結論
(1)　心理的虐待について
　　Bさんの言動は語気が荒くAさんを萎縮させるものであり、心理的虐待に該当する。
(2)　経済的虐待について
　　お金の流れが不明であるため確証はもてないが、総合的にみて経済的に搾取されている可能性が高く、AさんはBさんから「虐待を受けたと思われる」状況であると判断する。

9　今後とる行動
　高齢者虐待防止法7条に基づき、○○市福祉部地域包括支援課に通報する。以後は行政と連携し、包括と同行訪問する等虐待防止に向けたアプローチをとっていく。

10　その他検討事項

以上

3　定期的な内部研修の実施（新規採用職員については、採用の都度）

　研修でも「何を話せばよいかわからない」という悩みを耳にします。研修で最低限伝えるべきポイントは、ずばり虐待の「分類」と「定義」です。93頁で案内したユーチューブの講義動画をそのまま利用いただいてもよいのですが、高齢者虐待には次の5つの類型があり、その意味と内容が法律（高齢者虐待防止法）で定められている、ということをしっかり伝え記憶してもらうことがポイントです。

①　身体的虐待
　　高齢者の身体に外傷が生じ、または生じるおそれのある暴行を加えること
②　心理的虐待
　　高齢者に対する著しい暴言または著しく拒絶的な対応その他の高齢者に著しい心理的外傷を与える言動を行うこと
③　性的虐待

高齢者にわいせつな行為をすることまたは高齢者をしてわいせつな行為をさせること

④　ネグレクト（不作為による虐待）

高齢者を衰弱させるような著しい減食または長時間の放置、養護を著しく怠ること

⑤　経済的虐待

高齢者の財産を不当に処分すること、その他高齢者から不当に財産上の利益を得ること

なぜ分類を覚える必要があるかというと、現場で実際に虐待相当のケースに出くわしたとき、すぐに「これは虐待である」と認識できるようにするためです。イメージの方が頭に入りやすいので、講義では次のような猫のイラストも用いています（〈図表8〉参照）。

〈図表8〉　虐待類型

01 身体的　　02 心理的　　03 性的

04 ネグレクト　　05 経済的

　定義も重要であり、自分の感覚だけで虐待か否かを判別するのではなく、あくまで法令の定めに則り判断していく姿勢が重要となります。虐待の類型や定義をしっかり理解していないと、本当は虐待ではないにもかかわらず「虐待」と独り合点してしまうこともあるでしょう。

　心理的虐待が典型的ですが、例えば「食事を食べこぼした利用者の前で舌打ちをする」といった場合はどう考え、認定すべきでしょうか。

　「『著しく拒絶的な対応』に該当するとも思えるが、あくまで『著しく』とある以上、一度の行為であれば著しいとまではいえないといえるのではないか」。このように、悩ましいケースほど定義に立ち返り参照するようにしてください。

　最後に、研修は定期的に開催するだけでは実は足りず、職員の新規採用のたびに実施しなければならないことにご注意ください。

4　担当者（責任者）を定めること

　これは、委員会の委員長と兼務するということで足ります。いうまでもないことですが、虐待防止の責任者ですから、いざ事件が起きたときにその責任を問われることになるため気を引き締めて臨む必要があります。また、委員会の協議結果や指針等を現場職員全員に周知するというプロセスも必須となるところ、確実に末端職員まで虐待防止措置が行き渡っているかを確認することも、重要な役割です。

5　在宅は「二刀流」

　指針や委員会を整える以前の話になりますが、在宅事業所は養護者、つまり家族による虐待だけをウォッチしていればよいというものではありません。当たり前の話ですが、在宅においても「職員による虐待」があり得ます。施設と違い各訪問先でマンツーマンで提供する形態のためより実態が把握しづらいこともあり、ヘルパーによる虐待等はそれほど認知されていない印象ですが、起こる可能性がある以上目を光らせなければなりません。

　少なくとも、「家庭内虐待しか頭に入っておらず、職員による虐待を落としていた」といったことがないようにしたいものです。その意味で在宅事業所は「二刀流」を意識する必要があります。

　一方、施設の場合は利用者の身柄を預かっているため、「施設に居ながら利用者が家族から虐待される」ということは通常は考え難いことです。そのため施設ではもっぱら職員による虐待を念頭におき予防策等を講じればよいものと考えますが、例えば施設訪問した家族が、利用者との面会中に利用者に手を上げたり、利用者の財産を施設外で遣いこむということもあります。例外的かもしれませんが、「施設における家族虐待」も起こり得るということは覚えておきましょう。

【コラム】　虐待防止委員会に関する国の指導内容

　令和6年4月以降、すべての事業所において設置が義務づけられた虐待防止委員会に関して、国は「介護保険最新情報Vol.945（令和3年3月19日）」において次のようにアナウンスしています。本章で解説した内容と概ね一致していますが、ご参考までに掲載します。

〇委員会の構成

　「虐待の防止のための対策を検討する委員会」（以下、「虐待防止検討委員会」という）は、虐待等の発生の防止・早期発見に加え、虐待等が発生した場合はその再発を確実に防止するための対策を検討する委員会であり、管理者を含む幅広い職種で構成する。

　構成メンバーの責務及び役割分担を明確にするとともに、定期的に開催することが必要である。また、虐待防止の専門家を委員として積極的に活用することが望ましい。

　一方、虐待等の事案については、虐待等に係る諸般の事情が、複雑かつ機微なものであることが想定されるため、その性質上、一概に従業者に共有されるべき情報であるとは限らず、個別の状況に応じて慎重に対応する

ことが重要である。

○委員会の運営

　なお、虐待防止検討委員会は、他の会議体を設置している場合、これと一体的に設置・運営することとして差し支えない。また、事業所に実施が求められるものであるが、他のサービス事業者との連携等により行うことも差し支えない。

　また、虐待防止検討委員会は、テレビ電話装置等を活用して行うことができるものとする。この際、個人情報保護委員会・厚生労働省「医療・介護関係事業者における個人情報の適切な取扱いのためのガイダンス」、厚生労働省「医療情報システムの安全管理に関するガイドライン」等を遵守すること。

○検討事項

　虐待防止検討委員会は、具体的には、次のような事項について検討することとする。その際、そこで得た結果（事業所における虐待に対する体制、虐待等の再発防止策等）は、従業者に周知徹底を図る必要がある。

イ．虐待防止検討委員会その他事業所内の組織に関すること

ロ．虐待の防止のための指針の整備に関すること

ハ．虐待の防止のための職員研修の内容に関すること

ニ．虐待等について、従業者が相談・報告できる体制整備に関すること

ホ．従業者が高齢者虐待を把握した場合に、市町村への通報が迅速かつ適切に行われるための方法に関すること

ヘ．虐待等が発生した場合、その発生原因等の分析から得られる再発の確実な防止策に関すること

ト．前号の再発の防止策を講じた際に、その効果についての評価に関すること

以上

第14章　行政による虐待調査・指導の問題点と対策

　厚生労働省調査結果によると、令和4年度に発表された高齢者虐待件数は過去最高であり、〈図表9〉（144頁参照）のように右肩上がりとなっています。しかし、令和2年は一時的に件数が落ち込んでいます。これは新型コロナウイルスの影響もあり調査が進められず、その結果トータルとしては認定数が若干減少したものの、翌年に蓄積された事例が反動で増加したといえるかもしれません。

　また近年、国が運営指導当日に目的等を告知すればよいとするいわゆる抜き打ち調査を認める等（令和4年3月31日介護保険最新情報vol.1061）、より虐待指導に力を入れたことも、件数増加の一因といえるでしょう。

　この件数増加という現象をどう捉え評価するかはいくつか方向性が考えられますが、悲観的にみれば「純粋な虐待件数の増加は、現場の介護の質の低下を意味する」とみて嘆くことが考えられます。一方で「認定件数が増えたということは、それだけ水面下で知られていなかったケースが明らかとされたのだから、人権保障の観点からはよい傾向である」とする見方もできるでしょう。

　いずれにせよ、虐待認定件数の母数が増えることで、これまで本書においてみてきたような、「現場におけるグレーケースが、行政により正式に虐待認定されてしまう」ということも増えていきます。

　筆者のところにも、これまではなかったような虐待認定に関する対行政の相談事例がここ最近増えてきています（なお、以下の【事例】は複数の事例を組み合わせる等して改変しています）。

〈図表 9 〉 養介護施設従事者等（※）による高齢者虐待の相談・通報件数と虐待判断
件数の推移　※介護老人福祉施設、居宅サービス事業等の業務に従事する者

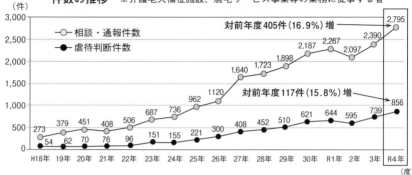

養護者（※）による高齢者虐待の相談・通報件数と虐待判断件数の推移
※高齢者の世話をしている家族、親族、同居人等

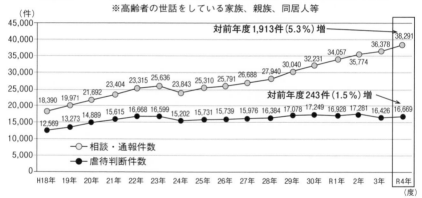

【事例】

　ある施設において、寝たきりの利用者が食事介助をしても食べていただ
けないという状態が続いていました。困った職員が、食べ物を乗せたス
プーンの先を利用者の唇に触れさせると、その刺激により利用者が口を開
け、召し上がっていただくことができました。

　ところがこの施設を快く思わなかった別の職員が、この介助方法を捻じ
曲げ「利用者の口をスプーンや指でこじ開け食事を詰め込んでいる」とし
て行政に通報したということがありました。

　この介助方法自体は家族にも事前に説明し了解を得ていたのですが、ケアプランにはそこまで細かく記録していませんでした。その結果、通報を受け調査をした市町村からは身体的虐待と認定されてしまったのです。

　この施設については、その他にも、利用者の身体に褥瘡が生じたものの、家族が医療機関の受診を拒否したことからやむを得ず施設内で最低限のケアを続けていたところネグレクトと認定されたり、利用者が車いすから複数回転落したことを理由に「転落防止措置を怠った」としてネグレクト認定するなど、さすがにおかしいのではないかと思わせる事例が複数指摘されました。そして最終的に市町村は、結論として「指定取消し」を宣告してきたのです。

　こうした行政の活動や作用には、少なくとも以下の問題点があります。

1　虐待の定義を拡大解釈していること

　先の食事介助に関する虐待認定は、「高齢者の身体に外傷が生じ、又は生じるおそれのある暴行」とはいえず、虐待防止法の定義に照らせば明らかに誤りといえます。ところが、虐待認定は「行為者の自覚を問わず成立する」とされており、本件のように利用者のためによかれと思ってしたことでも、その程度を大げさに認定することで一方的に「暴行である」と結論づけることができてしまうのです（態様や程度認定の問題については次項で改めて述べます）。

　一方、刑法上の「暴行罪」では、このようなことはありません。犯罪が成立するためには最低限「未必の故意」（誰かがけがをしても構わない、という程度の認識を抱くこと）を有していたことが求められ、そのような要件に沿うのであれば本件でも職員は利用者に自発的に食べていただくためにしたわけですから、暴行の故意は存在せず、身体的虐待も成立しないはずです。

　29頁でも論じたように、筆者自身は、虐待認定に際してはこのように行為者の内心（故意）を重要な要素として検討すべきであると考えます。筆者は「害意」（相手を傷つけようとする邪な心）という言葉を用いましたが、すべての虐待はこの利用者に対する害意の表れであり、害意の有無こそが虐待と不

適切な介護を分けるものであると思うからです。

　もし利用者のためを思ってしたことであれば、あるいは自分のとった方法が不適切であることに、単に思い至らなかったというだけであれば、教育をすることでいくらでも改善させることが可能です。それを、1回でも虐待と認定し得るケースをみつけたら最後、行政として正式な虐待認定に至ってしまうというのはあまりに硬直的であり、現場を過度に萎縮させるものでしかないといえるでしょう。

　以上は身体的虐待の「暴行」という文言に関する論点でしたが、その他にも拡大解釈が著しいと思われるのがネグレクトです。ネグレクトは「著しい」という言葉を多用していますが、具体的にどの程度、回数であれば「著しい」と認定すべきかについて何も基準や指針が存在しません。そのため、やろうと思えば結論ありきで何でもネグレクト認定できてしまうのです。

　例えば、施設の利用者に「毎日一定量の水分を提供する」という計画があったとして、それが実現されていなかったとします。そこには、利用者ごとに水分摂取の意欲がわかなかったり、嚥下機能の衰えなどさまざまな事情があることでしょう。しかしジャッジを下す行政側からすれば、他の事例と合わせ技で簡単にネグレクトと認定できるのです。それらをあげつらえばあっという間に「ブラック施設」のイメージを創出できますが、それは全国どの施設でもあり得ることであり、叩いてもほこりの全く出ない組織など存在しないでしょう。

　当然ながら介護というものは常に人間と向き合う仕事であり、さらに認知症等でコミュニケーションが難しい利用者の方が多い世界です。ただでさえ人材が不足する中で必死にベストを尽くそうとした結果を、鵜の目鷹の目で「虐待ではないか」という疑いの目でみることに何の利益があるでしょうか。利用者の人権を守ることが最重要ですが、行政がそこだけを意識するあまり、肝心の利用者の生活を支える介護現場そのものを破壊してしまうような指導だけは止めてほしいものです。

2　事実認定、虐待認定のプロセスに複数の問題があること

　先の食事介助の【事例】（144頁参照）では、行政から施設に対し、具体的に「どの職員が、いつ、どこで利用者に対しどのような食事介助をしたか」という事実が明かされず、身体的虐待という結論だけが通知されました。

　これはある意味やむを得ないともいい得るところがあります。なぜかというと詳細を施設側に伝えることで通報者や被害者（本件では特定できますが）が明らかとなり、関係者間で通報されたことを理由とした復讐、仕返しが実質的になされるといった混乱を回避する必要があるからです。

　しかし施設側としては、そうかといって「そもそも何が虐待と認定されたのか」すら把握できないまま改善命令を受けても、何をどう改善すればよいかもわからず結局問題があっても改善されないまま終わってしまうでしょう。施設に対して虐待を理由とする調査がなされる以上、多少の波風が立つことは前提としたうえで、行政側もフェアプレーを心がける必要があります。

　これを法律の世界では、「適正手続の保障」といいます。憲法31条は以下の通り定めています。

日本国憲法
31条　何人も、法律の定める手続によらなければ、その生命若しくは自由を奪はれ、又はその他の刑罰を科せられない。

　これはもともと刑事手続に関するものですが、対象に不利益を及ぼすという意味では行政手続も同様であるため、あてはまります。虐待認定されるということは、人格尊重義務違反を理由に指定取消しまでいってしまう（居宅サービス事業者の場合は介護保険法77条1項5号）おそれがあり、人でいえば死刑宣告にほかなりません。そのような最悪のペナルティを受ける可能性がある以上は、そこに至る事実認定、法令へのあてはめ、評価のプロセスは適正でなければならないのです。

　そのような観点からみると、現状の各自治体による調査認定プロセスは以下のような問題を抱えており、適正手続が保障されていないといわざるを得ないと考えます。

　ア．どの情報ソースからいかなる事実を認定し、いかなる基準や根拠に基づいて虐待と認定するかについて手法が確立されていない。
　イ．アの手続が施設・事業所側に開示共有されない。
　ウ．自治体ごとに独立した調査権限が委ねられた結果、調査方法や判断基準にばらつきがあり、そのばらつき自体が認識・把握されていない。

　ウに関しては、「調査担当官が必要以上に居丈高な態度で、職員を複数名で尋問しプレッシャーを与える」といった苦情や報告が、筆者のもとにも多数寄せられています。
　実際に厚生労働省は、以下のような指導をわざわざ各自治体に対して行っています。

　「運営指導において、相手方に対して高圧的ととられる態度を示したり、そのような言葉遣いをすることは許されません。行政機関は、単に法に基づく権限を行使しているに過ぎません。また、その権限に基づく行政指導についても、相手方の任意の協力に基づき行うものであり、そのような態度は行政機関としての信頼性を著しく欠く要因ともなります」（「介護保険施設等運営指導マニュアル」（令和4年3月）より）。

　このように当然ともいうべき内容が改めて書かれているのは、実際の指導の現場においてこうした「高圧的な態度」が存在し報告されているからにほかならないでしょう。
　問題は、行政と介護施設・事業所の関係が一方的であり、行政があらゆる面で圧倒的に有利であるという点にあります。事業所からすれば、行政の判断や指導に盾突くことなどおよそ不可能な話であり、「少しでも担当官の機嫌

を損ねれば目をつけられ、この地域でやっていけなくなるのではないか」というプレッシャーに怯えながら向き合うことになります。おかしいと思っても物申すことができず、その結果極端な虐待認定ケースが次々生み出されてしまうという事態に陥っているのかもしれません。いってみれば、自治体の活動について実質的なお目付け役がおらず、「野放し」になっているのです。

3　虐待認定後のペナルティが恣意的であること

　この事例では指定取消しが宣告されましたが、これは類似のケースで実際に筆者が経験したことです。指定取消し前に、行政手続法に基づき「聴聞」という手続が設けられるのですが、その場に弁護士として同席しました。認定プロセスも杜撰であり、あまりに重い処分である等と主張した結果、「半年間の新規利用受入れ停止」処分にまで軽減されました（議員の働きかけなど、ほかの要因もあったようですが）。

　そのとき痛感したのが「認定された虐待の程度と量刑（ペナルティ）が連動していない」という問題です。こちらが声をあげた結果、死刑宣告（指定取消し）が覆ったわけですから、行政にとってはどのような処分でも理屈をつけて自由に下すことができるのではないか、という懸念です。

　介護保険法77条1項は、「都道府県知事は、次の各号のいずれかに該当する場合においては、当該指定居宅サービス事業者に係る第41条第1項本文の指定を取り消し、又は期間を定めてその指定の全部若しくは一部の効力を停止することができる」と定めています。「次の各号」の中に、前掲の人格尊重義務違反などが含まれます。

　しかし、規定はこれだけであり、最終的な量刑の調整は行政が掌握しています。「この施設は改善可能性があるから、今回は改善指導に止めよう」とするか、「コンプライアンス意識が希薄だから、改善の見込みはない。指定取消しにしてしまおう」と判断するかは、まさに行政の気持ち1つというわけです。

　76頁で解説したように、事業所内で労働者が何か違反をしたときは、その程度に応じて慎重に懲戒処分の段階を検討する必要があります。例えば、数回遅刻をした程度で減給処分や懲戒解雇をするのはやり過ぎです。当たり前のプロセスですが、驚くことに最大のペナルティである指定取消しを頂点とする行政処分のプロセスは、ブラックボックスとなっており、明確な基準等が確立されていません。

　さりとて、例えば「暴行罪に相当する身体的虐待事件が年間に 2 回発覚した場合はこの程度の処分」等と細かく具体的に定めることは現実的に不可能でしょう。各事案に即した対応ができるよう、ある程度は裁量の幅が残されている必要はあろうかと思います。ただ、今のように完全に処分について予測がつかない状況はいずれにせよ問題です。

　厚生労働省は運営指導と監査の違いについて説明するとき、よく「運営指導はあくまで事業所のために行政が助言するという性質のものなので、怖がらないで積極的に活用してほしい」といったことをいいますが、これが詭弁であることは事業所であれば皆見抜いています。行政がその気になれば、いつでも運営指導から監査に切り替えることができるからです。フレンドリーを装いつつ刃物を突き付けられているという実態に気づかずして、真に行政─事業所間の対等な関係は築けません。

　お互いが胸襟を開き本音でぶつかり合い、利用者のためを思う気持ちが一致しないままでは、これからも極端な認定や指導事例が飛び出す一方で、虐待が起きても形式的な改善命令が下され、これに対する表層的な改善報告が返されることとなり、現場は空回りすることでしょう。

4　施設・事業所のとり得る対策

　納得のいかないネグレクト認定を避けるには、記録を丁寧にとることです。例えばナースコールを切ったり、利用者の手の届かないところに配置してネグレクト認定される事例がよく報道されていますが、もしコールを使わせないことに正当な理由があるのであれば、それを計画や記録にはっきり書いて

おく必要があります。もちろん、そうしたからといって必ず認定を回避できるとは限りませんが、少なくとも「現場職員の独断でコールを無視していた」といった状況よりも、きちんとその課題と向き合っていたことがわかれば印象もよくなるでしょう。ポイントは、地域包括支援センターやそれこそ市町村など外部機関をできるだけカンファレンス等に巻き込んで議論することです。

　身体的虐待についても、最後にものをいうのは記録です。原因不明の痣が発見される事件が相次いだとして、そのことをどこにも書留めたり内部で原因究明の会議をしなければ、「事態を放置していた」とみなされかねません。わからないところはわからないなりに、再発防止策等を全員で一生懸命考え、そのプロセスを記録することが後々組織を虐待認定から守ってくれることにつながります。

5　行政でも裁判所でもない、第三者的評価機関の必要性

　筆者は、ある介護施設の運営法人が、理不尽な虐待認定をされたとして市町村を提訴したという事件のことを知り、それをきっかけとして、そもそも行政側の虐待予防の取組みに数多くの解決すべき課題があるのではないかと思うようになりました。

　そのような思いから書き出してみたものが本章における事柄ですが、こうした事態を少しでも改善するためには「行政でも裁判所でもない、第三者的評価機関」を設立することが効果的ではないかと考えます。

　すなわち、まず現状のように虐待の認定や評価のプロセスを完全に行政に委ねていると、明らかに不自然な認定や処分が出てしまいます。その問題を法的に解決するのが裁判所ですが、事業所にとって行政を訴えるということは文字通り最後の手段であり、指定取消しが明らかとなるような事態まで追い込まれない限り声を上げることはできません。

　世の中には行政機関を外部から監視する市民団体として、いわゆるオンブズマン的な組織も存在しますが、どうしても高齢者の人権擁護という立場か

らの関与になってしまいます。

　そこで、行政から離れた立場で第三者的機関をつくり、そこで正しい道筋を示すことができればよいのではないかと考えます。

　例えば「外れ値」となるような極端な虐待認定・指導事例を全国の施設事業所から集め、整理して正しいプロセスとともに公表する等、情報を集約・分析しフィードバックするシンクタンクのような機能から始め、徐々にその判断や提示する手法が正しいものとして権威づけられていくようになれば、現場の混乱を収め虐待防止を促進できるのではないでしょうか。

　まだ青写真の段階ではありますが、筆者はこのような考え方に賛同していただける方を探しています。

第15章　虐待はなぜ起こるのか

1　虐待の原因

　令和5年12月、厚生労働省調査結果、令和4年度都道府県・市区町村における障害者虐待事例への対応状況等（調査結果）が発表されました。

　いずれも残念ながら虐待の総体的な相談通報・認定件数は増加しており、養護者による虐待（家庭内虐待）よりも施設内虐待のほうが高い増加率でした。類型としては、いずれも身体的虐待が過半数で1位、次に多かったものが心理的虐待でした。

　介護施設・事業所の虐待発生件数の内訳としては、特別養護老人ホーム（32.0％）が最も多く、有料老人ホーム（25.8％）、認知症対応型共同生活介護（グループホーム）（11.9％）の順でした。

　なぜ施設内虐待が増えているのでしょうか。どうすれば虐待を予防できるでしょうか。

　前述したように、虐待はその組織の体質から起きるものであり、1度起きてしまうと第2、第3の潜在的ケースが次々と表面化していきかねません。一方で長らく虐待とは無縁という、理想的な施設も確かに存在します。その明暗を分かつ根本的原因を追究することは必須といえます。

　厚生労働省は、虐待発生の原因として以下をあげています（全国の自治体に行ったアンケート集計結果（厚生労働省老健局（令和5年3月）「高齢者虐待の実態把握等のための調査研究事業報告書」（以下、「厚生労働省報告書」といいます）より））。

第1位　教育・知識・介護技術等に関する問題（56.2％）

第2位　職員のストレスや感情コントロールの問題（22.9％）

> 第3位　虐待を助長する組織風土や職員間の関係の悪さ、管理体制等
> 　　　　（21.5％）

　要するに、指定権者や保険者としては「虐待は主に教育不足が原因で起きる」と考えている、ということですが、読者の皆様はどう思われるでしょうか。筆者は、教育不足だけで片付けられる問題ではないと考えます。

　もちろん、研修の受講等により現場職員が虐待について最低限の知識（虐待の類型と定義、通報義務）を身につけることは必要であり、利用者と接するうえで大前提となるものです。しかし、これだけ虐待防止の必要性が声高に叫ばれ、特に施設においては身体拘束適正化とともに虐待予防について相当昔から研修等を励行してきたにもかかわらず、虐待件数が増えているということは、教育不足が主な原因とはいえないのではないでしょうか。

　本書執筆時点は令和6年1月ですが、もし令和6年以降、全事業所での取組みが完全義務化されたにもかかわらず令和6年度、7年度の集計でも件数が減らないようであれば、教育が虐待予防に最も効果的であるとはいえないことが一層明らかになるでしょう。

　筆者は、虐待発生、とりわけ身体的虐待の主要な原因は2番目にあげられた「職員のストレス」であり、その背景に人員不足や認知症利用者の周辺症状への対応、あるいは利用者家族らのカスタマーハラスメント（カスハラ）があるものと考えます。

　例えば、施設の夜勤でいえば、職員が利用者に対し、カッとなり暴力を振るう次のようなケースが相次いで報道されました。

2　虐待の事例

> 【事例1】
> 「夜中に何度も呼び出され腹が立った」入居者が顔にけが　奈良（令和5年12月1日）

　奈良市の高齢者施設で、入居者の90代女性に暴行を加え、顔にけがをさせたとして職員の男が傷害容疑で逮捕された。「夜中に何度も呼び出されて腹が立ち、思い切り鼻をつねった」と供述している[1]。

【事例2】
　グループホーム管理者ら、入居者の顔たたき虐待　和歌山（令和5年9月27日）
　職員らが入居者を叩く虐待をしたとして、和歌山市は市内のグループホームAの運営法人に対し半年間の新たな入居者の受け入れ停止と介護報酬の3割減額の行政処分にすると発表した。6月ごろ、50代の女性管理者が認知症の入居者の行動に腹を立て、ほおを手で叩いた。また、7月ごろ60代男性介護職員も別の入居者の額を手で叩いた。
　いずれも入居者にけがはなかった。職員は調査に対し、「利用者が言うことを聞かず疲れていて、つい手が出てしまった」等と話している[2]。

　人は弱い生き物ですから、頭ではいくらいけないこととわかっていても、過度のストレスにさらされ追い詰められたとき、瞬間的な憤りの感情が理性に勝り一線を越えてしまうということがあります。もちろん、このような虐待をした職員本人はその責任を取り十分反省してもらわなければなりませんが、施設を運営する立場としてはそれだけで幕引きとしてはいけません。いくら虐待防止の知識を身につけていても、このように感情を抑えられない状況を放置していては何の意味もないのです。
　「教育さえすれば大丈夫」という発想は、いざ事件が起きたときの施設経営者に対する「免罪符」としてしか機能せず、逆効果になりかねません。「施設

1　〈https://news.yahoo.co.jp/articles/e1fc3a7370af593b150a53b2cadb0891df21019c〉。
2　〈https://mainichi.jp/articles/20230928/k00/00m/040/019000c〉。

としてはしっかり教育や委員会活動をしてきた。虐待をした職員がもともと介護にふさわしくない人材であった」との言い訳が成り立ってしまうからです。

　虐待という現象は、加害者の資質が注目されがちですが、安易に職員一人ひとりの資質の問題に帰着させては根本的原因が見えてきません。いわゆるトカゲの尻尾切りを繰り返しても、本質にはたどりつけないのです。

　筆者がこの認識を強くもつようになったのは、ある施設での事件がきっかけでした。虐待が起きてしまったので、第三者的専門家として現場で調査をしてほしいと依頼され、現地に赴きました。

　本件では夜勤者が利用者を押し倒す一部始終がカメラに録画されていたのですが、その職員はカメラの存在も当然知っており、そのうえでこのような行動に及んだというのです。さらには、他職員の話によればその職員は介護福祉士の資格を有しており、普段は笑顔を絶やさず、利用者からも評判がよかったということでした。もちろん、虐待防止研修も他職員同様しっかりと受講していました。アンケートには人権保護の重要性や虐待をしない決意などが書かれていました。一方で、夜勤職の実態や悩み、課題等が今まで正面から取り上げられ分析されたことはありませんでした。

　職員らの評価が事実であれば、教育やカメラなどの抑止措置は役立たなかったということになります。また、雇用の段階で「虐待をしなさそうな人材」を選別するといったこともいざとなれば無意味です。

　「どのような人間が働いても虐待をしようがない環境」を整備していくという発想をもつ必要があると思います。例えとしては適切ではないかもしれませんが、民間のコンビニエンスストアやファーストフードなどは、細かいところまでマニュアルが整備されており、初心者でもすぐ慣れて役割を果たすことができます。介護の専門性が失われないよう配慮しつつ、「守り」の面、すなわち虐待を起こさせないという観点から整備できることはまだまだ残されているように感じます。

　筆者が不満に思う点は、今回の厚労省調査結果を含む公的な調査報告書は押しなべて概括的であり、突っ込んだ分析や見解が示されていないという点

です。

　厚生労働省報告書に書かれていたことも、「身体的虐待が多い」という端的な情報のみであり、その具体的内容や、どのようなケースが多く見られたかといった実態が伝わってくる情報は掲載されていませんでした。

　そこで、筆者なりに想像を巡らせてみると、施設内虐待のケースとしては上述のように夜間帯に特に多いのではないかと推測します。人の目がなく、孤独だからです。

　後述159頁の【コラム】にも書きましたが、夜勤者は通常1人勤務であり、孤独を感じ精神的に不安定になりやすい中で複数の利用者に対応しなければなりません。休憩もろくにとれず、連続勤務で疲れきっている人も多いのではないでしょうか。働き手も手薄なので、どうしても1人あたりの負担が増え、連勤も当たり前になりがちです。

　もう1つの問題は、周囲に止める人がないのでカッとなったとき歯止めがかからず、暴力沙汰に及んでしまいやすいという環境です。かといってコールを無視すればネグレクトとみなされてしまうため、その場を離れクールダウンすることもできません。

　それだけ追い詰められれば、いくら正しい知識や技術があっても歯止めにはなってくれないのです。

　このように「施設内虐待は夜勤帯で多く発生している」という特徴さえつかめば、防止のためにすべきことも自ずから明らかとなってきます。

　まず夜勤者にアンケートをとり、現場の課題を把握し解決に努めます。人を増やすことが難しくとも、休憩室を整備する、コールが特に頻回な利用者について対策を全員で協議するといった対応は可能でしょう。

　介護拒否が強かったり、昼夜逆転している利用者等は夜勤者もストレスを感じやすいため、睡眠剤を変えてみるなど、利用者が夜眠れる工夫を医療職も交えたカンファレンスで模索します。

　すぐには解決法が見出せずとも、このように全員で取り組み、夜勤者を1人にさせない意識が何より大切です。「気にかけてもらっている」「チームの

皆に見られている」という意識が、瀬戸際で虐待行為を思いとどまらせるのです。

　夜勤者が暴力等を思いとどまれるよう、夜間のコールセンターを設けるのも一案です。利用者のためではなく、職員のメンタル面の安定のために設置します。

　自殺予防の取組みのようなイメージですが、臨床心理士などのカウンセラーが、夜勤者の話を傾聴します。解決策がすぐに見いだせずとも愚痴、泣き言を誰かに聞いてもらうだけで気持ちは幾分か救われるでしょう。カッとなりそうなとき、辛さを吐露し相談できる外部の相談室があるだけで、安心感が違うと思います。

　そのような仕組みを一施設が運営することは困難なので、地元の自治体や社会福祉協議会など公的機関が担うとよいでしょう。

　ストレスということでいえば、利用者の介護拒否やカスハラの問題も見過ごせません。職員に暴力を振るうような利用者は対応困難者としてリスト化し、対応策とともに事前に職員間で共有することで心の準備ができます。154頁で解説したように、カスハラに対しては、相手が認知症等でなければ直ちに止めるよう申し入れ、毅然と対処する必要があります。相手がお客様なのでどうしても気が引けてしまい、「様子見」を続けていたところ職員の我慢が限界を超え暴力を振るってしまった……というケースもよく見受けられます。このようなときは、筆者のような弁護士の出番です。「カスハラは職員に対する人権侵害行為であり、利用契約解除に相当する」ということを法律の専門家がはっきりと伝えることで、問題が解決することが多いのです。

　「罪を憎んで人を憎まず」という言葉がありますが、末端の現場職員だけに責任を転嫁せず、「善良な職員を虐待に向かわせる環境となっていないか」と厳しい目で自施設を見直す心が、施設経営者には求められているといえるでしょう。そして指導する立場の行政機関においては、ただ「教育」を押しつけるだけでなく、まず現場の苦労に思いをはせ、人の弱い面に寄り添う愛情をもって接することが、求められるのではないでしょうか。

------------【コラム】　夜間帯の虐待予防策------------

　ある介護施設の夜勤者が、カメラで記録されていることを認識しながら、フロアなどで利用者に手を上げるという虐待事件が発生しました。

　このような事例が近時増えているように思えます。特徴として「夜勤者による身体的虐待」であり、「思い通りに動いてくれない利用者に対してついカッとなり暴力を振るう」という共通点があります。

　これは、一重に夜勤者の負担が過重であり、他に勤務者がいないため歯止めがかからないということが原因であろうと思います。

　施設であれば、数十名の利用者やワンフロア全体を１人で担当しなければならず、昼夜逆転して起き出す方や失禁、不安の訴え、徘徊等に都度対応しなければなりません。

　そのような中で、何度お願い、あるいは対応しても指示に従っていただけないことにストレスがたまり、いつか限界を超えて爆発してしまう……という構図です。

　日中であれば周囲の目も複数あり、自制心が働きやすいといえるでしょう。しかし夜勤帯は人の目がないということが問題です。ただでさえ精神的に不安になり落ち込みやすい夜という時間帯に、孤立無援の状態におかれることは大変心理的に追い詰められやすい環境であるといえます。

　残念ながら、これまで解説してきた「気づきシート」は、夜勤者については効果を発揮しません。そもそも１人であり、評価者が不在だからです。一方で夜勤帯は虐待が起きる要因が多く、夜勤に特化した予防策が必要になります。

　もう１人職員を配置できればよいですが、そのような余力は無いという施設がほとんどでしょう。日中や早朝シフトでも対応できるバックヤード業務等をできるだけ回し、業務量を軽減することが考えられますが、最も大きな負担である個々のご利用者対応にかける時間や労力は変わりません。

　これといった特効薬はないのが現状ですが、以下のような施策が考えられます。

・介護拒否や職員に対する暴力等のある利用者をピックアップし、夜勤者と対応を協議する。

・昼夜逆転、起き出しやトイレが頻回である等、対応が困難な利用者については夜勤者からすぐチーム全体に報告してもらい、全体で協議検討する。

・夜勤時の緊急措置として、1人で対応困難な場合はすべてに対応することを諦め現状維持に徹することをルールとする。

・夜勤者がパニックに陥りそうなときや、一線を越えてしまいそうなときに、その場で電話相談できるホットライン相談窓口を設ける。

　その他、いわゆるICTの活用も可能性があろうかと思います。例えば体動があることでセンサーが鳴るシステムや、オムツを開けずに排尿排泄のタイミングがわかる装置、あるいはスマートウォッチを夜勤者が装着し、心拍数やストレス値を記録することで客観的にリスクを可視化する取組みも効果的かと思います。

　さまざまな工夫が考えられますが、大前提は当事者である夜勤者からよく話を聞くことです。ある施設では、夜勤者にストレスになることを自由にあげてもらったところ、思いがけない話が出てきました。

　その中で、「眠れない利用者の話し相手をさせられる」ということがありました。パソコンの記録作業などやることは沢山あるのに、「夜勤者は暇である」というイメージがるようで、よく話しかけられるそうです。認知症の利用者であれば、話し相手となるＡＩロボットを導入することも、今後の技術発展次第では有効な方策となりそうです。

　その他にも、世間話以外に他職員の悪口や施設への不満を延々と聞かされ気が滅入ったり、「リモコンを落としたから拾って」等という理由で呼び出される……といったエピソードが出てきました。

　こうしたことすべてを一気に解決することは困難かもしれませんが、少

なくとも「こういうことが起こる」という、いわゆる「あるあるエピソード」として職員全体で共有し心の準備をすることも効果的と思います。

　今後人材不足がさらに深刻化するに伴い、複数名で対応できない状況は増えていくことでしょう。そのようなときでも諦めず、虐待予防の方法を考えていきたいものです。

第3部

虐待の認定・対応Ｑ＆Ａ
（100問）

1　虐待の態様

> **Q1**　虐待にはどのような類型がありますか。

A　虐待の類型は高齢者虐待防止法に定められており、養護者（主に利用者の家族）による場合（以下、「家庭内虐待」といいます）は同法2条4項に、施設や事業所の職員による場合（以下、「施設内虐待」といいます）は同法2条5項にそれぞれ規定されています。

その内容は共通しており、以下の5類型があります。

① 身体的虐待　　高齢者の身体に外傷が生じ、または生じるおそれのある暴行を加えること。

② ネグレクト（不作為による虐待）　　高齢者を衰弱させるような著しい減食または長時間の放置その他の高齢者を養護すべき職務上の義務を著しく怠ること。

③ 心理的虐待　　高齢者に対する著しい暴言または著しく拒絶的な対応その他の高齢者に著しい心理的外傷を与える言動を行うこと。

④ 性的虐待　　高齢者にわいせつな行為をすること、または高齢者をしてわいせつな行為をさせること。

⑤ 経済的虐待　　高齢者の財産を不当に処分することその他当該高齢者から不当に財産上の利益を得ること。

> **Q2**　高齢者虐待防止法は「高齢者」の定義を65歳以上の者と定義していますが（2条1項）、65歳未満の人は高齢者虐待防止法の対象にならないのでしょうか。

A 　確かに、高齢者虐待防止法の規定する高齢者は65歳以上とされていますが、同法2条6項は「65歳未満の者であって養介護施設に入所し、その他養介護施設を利用し、又は養介護事業に係るサービスの提供を受ける障害者については、高齢者とみなして、養介護施設従事者等による高齢者虐待に関する規定を適用する」としています。したがって、障害者としてサービスを受けている方であれば、権利擁護の必要性が高いため、同じく保護の対象となるといえます。また、当然のことながら障害者に該当せず65歳未満であったとしても、その人が虐待を受けている場合は、法令を杓子定規にあてはめ「保護の対象外だから」と看過するようなことがあってはなりません。

Q3　家庭内虐待と施設内虐待の間には、どのような傾向や特徴の違いがありますか。支援者としてはどのような点に注意して利用者に接すべきでしょうか。

A 　どちらも件数としては身体的虐待が多いですが、家庭内の場合は経済的虐待が多く、一方で施設の場合は経済的虐待が起きることは極めて少ない（ただし、障害者就労支援事業所は例外的に起きやすい）といえるでしょう。

家庭内虐待は、家庭内という外部から閉ざされた空間で起き、利用者とその家族のプライバシーも尊重しなければならず、外部から「虐待」と認定するには情報が足りず、決め手に欠けるといった場合が多いといえます。家庭内であれば特に経済的、心理的、またはネグレクトとの複合の中で利用者に対する当該養護者の態度が悪化していくということが見受けられます。

例えば、利用者の身体に痣ができ、本人が「息子に叩かれた」と証言したという1つの事情だけでは身体的虐待があったとは断定できませんが、「先週も同じような訴えがあった」「デイサービスの利用料も滞納しがちで、食

事も満足にとれていない」といった日常における異変を総合的に考慮し、家庭内虐待の疑いが高まった時点で虐待通報するといった対応が支援者としては考えられます。このように**継続的に観察する**ことが、家庭内虐待と向き合う際には重要な姿勢となります。

　一方で施設内虐待の場合は、人間関係が固定化し、外部の目が届かない中で悲惨な事件が起きてしまうということが多いようです。第 2 部で述べたような内部的取組みを怠らないことと同時に、ボランティアや近所の学生等を積極的に招き入れ、絶えず外部の視線にさらされている風通しのよい環境を意識的につくっていくことがカギとなります。

> ## Q4　虐待と刑事上の犯罪（暴行罪・傷害罪）は異なりますか。

A　虐待は、高齢者虐待防止法に定められた類型であり、刑事上の犯罪とは異なります。最大の違いは、虐待と認定されても、高齢者虐待防止法上、虐待者に刑罰が科されることはないという点です。もっとも、虐待と並列して刑事上の犯罪として扱われることはあり得ます（30頁参照）。身体的虐待が暴行罪や傷害罪と認定されるケースが最多であり、一方で心理的虐待とあわせて名誉棄損罪等が成立することはまずないといってよいでしょう。逆に、窃盗罪や横領罪が成立しても直ちに経済的虐待と認定されることは少ないと思われます（Q36参照）。

> ## Q5　訪問介護や訪問看護で虐待が起きることはありますか。

A　利用者の自宅に訪問する形態であっても、当然、虐待は起こり得ます。施設内と違い、マンツーマンでの対応が主であり、他に目撃者もいないことが多いため、施設と同じかそれ以上の注意が必要といえるで

しょう。特に独居や老々介護の家庭では、虐待の事実の発見が遅れる危険性が高いため、特に異変に敏感になる必要があります。

　例えば、強度の認知症である独居の女性利用者に対し、ある訪問介護員がネイルや化粧を施し、派手な被り物をかぶせ写真撮影等をしたという事件を考えてみましょう。その介護員は「利用者が望んだからそうしたまで」等と弁明しましたが、そうであったとしても、行き過ぎであることは明らかです。このような場合は「高齢者に著しい心理的外傷を与える言動」を行ったとして心理的虐待の成立を認めるべきでしょう。

　あるいは、他人が見ていないのをよいことに、本来やるべき介助をとおり一遍で済ませ、着替えを途中の状態で下半身裸のままベッドに放置したという事件もありました。これはネグレクトと身体的虐待が成立するといえます。訪問介護の場合は、事実関係の把握や証拠化が困難な場合が多いため、普段から虐待の芽が見られないか、各訪問先へのヒアリング等を怠らないことが重要です。あわせて、職員の個別面談や集合研修等も定期的に実施するようにしましょう。

Q6　デイサービスで、施設内虐待が起きることはありますか。家庭内虐待と異なり、そのようなことが本当に起こり得るのか想像し難いのですが……。

　　今まで虐待事件が起きたことがなくとも、将来的に起こらないとは限りません。

　デイサービスは一般にワンフロアで開放された空間であり、利用者も日中の限られた時間しか滞在しないため施設ほど閉鎖的ではなく、環境の面では虐待は起こりづらいといえるでしょう。

　しかし実際に、利用者に対する暴力、安易な身体拘束等が現場では起きています。

　筆者の経験したケースでは、男性職員が認知症の女性利用者に対し、物陰に連れ込み身体を触るという性的虐待をしていたという事例がありました。

　職員を疑い「虐待予備軍」として接するのではなく、あくまで万が一のことが起きないよう、職員による虐待についても教育・研修をしていくことが重要です。

2　虐待の認定方法

Q 7　いかなる行為が虐待と認定されるのでしょうか。

A　まず、利用者に対する「害意」（利用者を痛めつけようとする悪の心）の現れが典型的な虐待であるといえます（53頁参照）。それは虐待をする者の主観（内心）であるため、本人が正直に言わない限り、外部に現れる客観的事情を総合的に考慮して判断するほかありません。そのための認定のプロセスは「外岡流・虐待認定方法」（53頁参照）のとおりですが、くれぐれも「スピーチロックだから虐待」「これは技術不足によるものだから虐待は成立し得ない」等と表面的な事情から軽々に判断しないよう注意してください。

Q 8　虐待認定は法人内で行ってよいのでしょうか。そうであるとして、どの機関・部署が担当すべきでしょうか。

A　高齢者虐待防止法上は、施設職員の一人ひとりが「高齢者虐待を受けたと思われる高齢者を発見した場合」には速やかにこれを市町村に通報しなければならない、とされています（21条1項）。確かに、程度が悪質であり深刻なケースや、あるいは法人内で上司に報告しても真剣に取

り合ってくれない（またはもみ消そうとする）ような場合には、職員個々人の判断で直ちに市区町村へ通報すべきこともあるでしょう（35頁参照）。もっとも、組織としての「自立」の観点からは、ありとあらゆる事件を個々人の判断で役所へ通報すればよい、という状態では混乱を増すばかりであり、望ましくないものといえます。そこでまずは虐待防止委員会（43頁参照）を法人内に設置し、その機関が集中的に組織内の虐待情報を集め、分析し認定するようにするとよいでしょう。

Q 9　虐待認定は法人の役員会で行う必要がありますか。

A　法人内の虐待認定のプロセスは何も法令等で定められていません。この部分は完全に各組織の自治に委ねられていますが、刑事罰相当など、ある程度深刻な虐待事件が起きた場合は、例えば、理事会、取締役会等役員の間でも一度は審議すべきものと考えます。ただし、法人上層部での協議が長引き、結果として速やかな市区町村への通報が遅れるようなことがあっては本末転倒です。ある程度、虐待事実が明らかな場合で、通報すべきと判断した場合には速やかに行政に通報するようにしましょう。

Q 10　虐待防止委員会を設置の際は、委員会運営規程等を設ける必要がありますか。

A　委員会運営規程設置は義務であり、加えて虐待対策は1にも2にも「スピード」が求められます。イメージでいえば、虐待の芽は日々現場で発生しており、半日でも対応しないでいるとどんどん育ってしまう雑草のようなものだと思ってください。

　広大な庭に雑草が生い茂らないようにするためには、除草剤のような特効薬が虐待問題に関しては存在しない以上、手作業で日々雑草を抜いていくしかありません。そのような状況下では、「まず、雑草を抜くための手順やチームの運営に関する規定を決めよう」等と悠長なことをしている暇はないことは明らかです。本書を参照し、見様見真似で構いませんので、まずは令和6年4月から設置義務となった虐待防止委員会を立ち上げ、運営規程を設けたうえで現場の虐待に目を光らせることが重要です。

Q11　虐待認定のプロセスでは、第三者の意見を取り入れる必要がありますか。

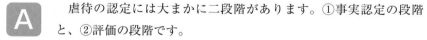

　　　　行政側から第三者委員会の設置を求められた場合は、これに従い第三者のみで構成される委員会を設ける必要があります（Q87参照）。もし、行政からの指導を受けていない段階であれば、可能であれば弁護士等の人権保護の専門家を最低1名オブザーバーとして取り入れることが望ましいといえるでしょう。

Q12　虐待か否かの判断が難しいケースでは、何を基準に判定すべきですか。

　　　　虐待の認定には大まかに二段階があります。①事実認定の段階と、②評価の段階です。
　①においては、疑惑をかけられている職員が本当に虐待行為をしたのかについて、第三者の証言や対象利用者の受傷状況などから慎重に認定していきます。もっとも基本的には「疑わしきは罰せず」のスタンスで調査しなければなりません（48頁参照）。

②においては、利用者をことさらに傷つけ、いじめようといった「害意」の有無がポイントになります（53頁参照）。当事者の供述のみならずあらゆる事情から総合的に判断する必要がありますが、害意が認められれば悪質な虐待と認定すべきであり、一方で虐待の被疑者である職員自身にそのような意図が見受けられず、反省もしており改善の余地が多いにあるのであれば、あえて虐待と認定せず、改善に向けた指導で十分である場合もあるかもしれません。

　最終的に判断しかねるが、嫌疑不十分として処理することも問題であると思われる場合には、そのまま1つのケースとして市区町村に報告しましょう。後から内部告発等で明るみに出たとき、「なぜ本件を知りながら隠していたのか」と追及されかねないというリスクもあります。何も考えずに報告・通報すればよいというものでもありませんが、行政への通報を「最後の手段」と位置づけ、通報をできるだけ回避しようとするのも誤りです。常に現場の利用者保護の観点を忘れず、そのためにはどうすることがベストかを考え行動してください。

> **Q13**　虐待を基礎づける行為態様が不明である場合は、どのように考えるのでしょうか。

A　このケースが一番難しい事例といえます。利用者の身体に、明らかに不自然なけがが認められるにもかかわらず、誰が、いつ、そのけがをさせたのか、全く手がかりがないような場合です（36頁参照）。

　おさらいになりますが、調査する側には基本的スタンスとして、「疑わしきは罰せず」という謙抑的な姿勢が求められます（48頁参照）。「あなたしかその場にいなかったのだから、あなたがやったのだろう。正直に言いなさい」等と根拠もなく詰め寄ることは、間違ってもしてはいけません（当該職員から名誉毀損等で慰謝料を請求される等のリスクがあります）。

　一方で、虐待の可能性が少しでも残るようであれば、これを「嫌疑不十分」として看過することもできません。悩むようであれば、すべて市区町村に報告し、指示を仰ぐようにすべきです。

> **Q14**　1回の不適切な行為でも虐待認定されますか。

A　虐待認定される可能性はあります。何もしていない利用者をカッとなって叩いてしまったということがあれば、普段どんなに優秀で献身的な職員であろうと、その1回の行為で身体的虐待（場合によっては暴行罪）と認定されるでしょう。

　一方で第2部第7章において各類型ごとにみてきたように、不適切なケアや技術が未熟なことによる事象については、直ちに虐待と認定することは行き過ぎとなる場合もあり、指導による変化を見極める時間を設けたほうが結果としてうまくいくことも多いものといえます。

> **Q15**　利用者の多動を抑制する目的で過分な投薬をすること（ドラッグロック）は虐待にあたりますか。

A　「ドラッグロック」は、スピーチロックと並び指摘されることが多い類型ですが、薬の処方は医師の専権であるため、施設側には基本的に責任はなく、医療機関と施設を全体として捉え、「虐待」ということはできても、施設が単独で虐待と認定されることはないといえるでしょう。ただし、過剰な投薬により利用者の意識を朦朧とさせ、「おとなしくさせる」現象が実際には現場で起きており、そのこと自体が虐待と認定されずとも、深刻な人権侵害となり得ることは間違いありません。特に身寄りがなく、成年後見人等もついていない利用者に関しては、事実上、その人の意思や権利

を代弁してくれる者がいないため、人権が侵害されていないか常に注意が必要です。

Q16 不適切なケアと虐待をどのように判別すべきでしょうか。

A 考え方としては「一度の注意指導で改まるか否か」を見極める姿勢が大切です。もし、本人の不注意や意識の不足により起きた問題であれば、少なくとも利用者に対する「害意」は認め難いため、軽々に虐待と認定するのではなく、適切な指導により改善を求めることが望ましいといえるでしょう（53頁以下参照）。一方でヒアリングの最中も反省の様子が全くみられず、これは注意しても変わらないだろうと思われる場合には虐待と認定し、厳粛に対応せざるを得ない場合も考えられます。害意の有無で判断することが基本線ですが、虐待というものは虐待者が無意識であったとしても成立し得るものであるからです。

Q17 利用者が希望したとおりに行動したところ、第三者から虐待と指摘された場合はどのように解釈したらよいのでしょうか。

A これは悩ましい問題です。「ちゃんづけ」の問題（Q32参照）のように、判断が難しいケースはそれだけ混乱を招きやすいといえます。利用者自身が「親しみを込めて、ちゃんづけで呼んでほしい」とリクエストし、これに職員が応じたところ、たまたま見ていた家族や部外者が虐待とまではいかずとも「接遇がなっていない」等と誤解することは起こり得ることです。あるいは、認知症の利用者が職員を孫と思い、お小遣いをどうしてもあげるといってきかず、これに職員が合わせて一時的にもらうふりをしたところ「経済的虐待」と誤解された等というケースも考えられます。

　このように利用者が希望したとおり対応した結果、虐待といい得る状況と
なってしまう場合には、虐待防止委員会等のジャッジする立場としては基本
的に虐待と認定はしないことになるでしょう。なぜなら、繰り返してきたと
おり「害意」が認められないからです。当該職員や関係者から事情を詳しく
聞き、本当に利用者が本心から望んでいたことであればことさらにとがめる
必要はありません。

　もっとも、いくら利用者が望んでいるとはいえ、その自由をことさらに
奪ったり、人権を害するような行為であればそれは「人権への配慮不足」と
して虐待となり得ます。利用者が「自分は一時的に興奮して暴れる傾向があ
るため、夕方の時間帯は車椅子に縛り付けておいてほしい」等と仮に希望し
たとしても、それは違法な身体拘束（すなわち虐待）に該当する可能性があ
るため認められません（115頁参照）。

Q18　虐待の証言が認知症の利用者のものしかなく、被疑者となる職員
　　　　が虐待を否認している場合、どのように判断すべきでしょうか。

A　　　「疑わしきは罰せず」の大原則をまずは意識して調査に臨みま
しょう（48頁参照）。利用者が言っているからという理由だけで安
易に虐待の成立を認めてはいけません。一方で、利用者が認知症であるとい
う理由だけで当人の供述を一切信用しないというのも行き過ぎです。目視確
認できる外傷や当該職員の普段の言動、過去の類似事件等複数の事象を総合
的に考慮したうえで慎重に結論を出す必要があります。

Q19　虐待の目撃証言をした職員が、当該被疑職員と普段から不仲であ
　　　　り、信憑性が疑われる場合はどのように考慮すべきでしょうか。

実際に不仲か否か、また、どの程度の不仲かを慎重に調べる必要はありますが、不仲とされる関係は信憑性を減少させる一要素として考慮しても問題ないものと考えます。ただし、「あの職員は普段から当該職員のことを毛嫌いしていたから、今回も陥れるために嘘をついているに違いない」等と偏見に捉われた認定をしてはいけません。あくまで総合考慮の中の一要素として勘案すべきです。

Q20　施設において職員が入所者へ暴言を吐き、威圧的な態度をとったり、入浴を拒む利用者の腕を強く引っ張り入浴させるなどの虐待があったという疑いで、市の監査が入りました。
　　　当施設で内部調査をしたところ、入所者への威圧的な態度をとった職員は認められましたが、入浴時の虐待の事実は確認できませんでした。この場合、市へはどのように報告説明すべきでしょうか。

　　　　施設として認定できた事実、できなかった事実をそのまま報告すべきです。

「組織的隠ぺいを疑われたくないので、すべて事実としてあったことにする」という考えが頭をよぎるかもしれませんが、このような問題においては特に「是々非々」で臨むべきです。「疑わしきは罰せず」の原則（48頁参照）のとおりですが、施設として調査した結果虐待の事実が確認できなかったのであれば、それは存在しなかったものとして扱わざるを得ません。

　もっとも、行政が自ら調査を行い、その結果虐待の事実が認定される可能性はあります。その場合でも落ち着いて認定の根拠となる事実を確認し、自分たちの調査結果と照合しましょう。

　悩ましいのは、行政側が調査経緯や結論に至る理由を開示してくれない場合です。誰から、どのような情報を得たかについて明らかにすると当事者間で諍いや混乱が発生することが懸念されるためです。実務ではむしろ

この場合のほうが多いといえますが、そうなると施設側にとっては行政の認定プロセスがブラックボックス状態となり、一方的に結論と改善命令だけ伝えられ理不尽な思いをする……ということもあるものと思います。

　いずれにせよ、施設の立場としてはいかなる場合も是々非々の姿勢で臨むことが重要です。

Q 21　虐待の有無を調査しましたが、虐待の事実の存否が不明な場合は、最終的に法人としてどう対処すべきでしょうか。

A　悩ましいところですが、基本的には少しでも虐待の可能性があるのであれば行政にありのままを報告すべきといえます。そのときは無理に虐待か否かの総括をする必要はなく、「法人としてはこの事実から虐待ではないと思われたが、このような見方もでき、最終的な判断をしかねる」等と、悩んだ経緯そのものを報告するとよいでしょう。下手に隠ぺいしようとしたり、逆に、ことさらに虐待に仕立て上げることのないようにしましょう。

Q 22　全くの事実無根であるにもかかわらず、管轄の市が一方的に虐待認定し、虚偽の事実に基づく虐待結果を公表されてしまいました。これにより当法人の名誉や対外的信用は著しく毀損されました。市を提訴することは可能でしょうか。

A　国家賠償法に基づき、そのような被害を訴え、相当額の損害賠償を求めることは論理上可能です。もっとも、裁判では、具体的な損失および行政の行為（公表等）との関連性の主張・立証が厳密に求められるところ、いかなる損害が生じたかを確定し、立証することは大変難しく、ま

た事実関係についても、それまでの聴聞を始めとする手続において、一定の手続的適正は担保されているとして、一度下された行政の判断が司法の場で覆されることは残念ながら非常に稀であるといえるでしょう。

3　虐待類型

(1)　身体的虐待

> Q23　身体的虐待は、利用者の身体に直接接触しなければ成立しないのでしょうか。

A　身体的虐待における「暴行」は、刑法上の「暴行」と同様に解されており、身体に接触しなくとも危険な行為や身体に何らかの影響を与える行為があれば、身体的虐待と認定することができます（厚生労働省マニュアル「Ⅰ　高齢者虐待防止の基本」より）。例えば、硬い物を身体のそばに投げつける行為や意図的に薬を過剰に服用させる行為等が該当します。

> Q24　入浴介助中、シャワーを体に当てると、適温のはずなのに「熱い、火傷する！　助けて！」等と叫ばれる認知症の利用者がいます。これは虐待になりますか。

A　本当に火傷するほど熱ければ、「高齢者の身体に外傷が生じ、又は生じるおそれのある暴行を加えること」として身体的虐待にあたる可能性がありますが、客観的事実としてそのようなことがないのであれば、虐待は成立しません。

この点、「事実よりも、ご利用者がどう感じたかが重要である」等と誤った考え方に基づき「虐待である」と結論づける人がいるかもしれませんが、そ

のような理屈が通用するのであれば、利用者の発言次第で何でも虐待とされてしまいます。同じ理由で、心理的虐待も成立しません。この利用者の発言に「高齢者に対する著しい暴言又は著しく拒絶的な対応その他の高齢者に著しい心理的外傷を与える言動」の根拠となる事実が認められないからです。

　重要なことは利用者の生命・身体・財産を守ることであり、あくまで客観的事実を前提として評価分析する必要があります。

> **Q25**　暴力をふるう利用者の腕をつかんだところ、痣ができてしまいました。身体的虐待になりますか。

A　細かい状況にもよりますが、例えば、当該利用者の力が強く、暴力をふるうことにより周囲に及ぼす危険が大きいといえる場合には、いわゆる「正当防衛」が成立する可能性があります。刑法には次のように定められています。

刑法
（正当防衛）
36条
1　急迫不正の侵害に対して、自己又は他人の権利を防衛するため、やむを得ずにした行為は、罰しない。
2　防衛の程度を超えた行為は、情状により、その刑を減軽し、又は免除することができる。

　実際に利用者を傷つけ、それでもなおその行為が正当防衛として認められ免責されたケースは、筆者の知る限りではまだ存在しません。しかし、理屈上は、相手が認知症などで判断能力（刑法上「責任能力」といいます）が認められない場合でも、その者による行為に一定程度の危険性が認められれば、それは「急迫不正の侵害」として認められ、これに対する正当防衛が成立し

得ることになります。

この点につき、世間では大きな誤解があるように思えます。「相手が認知症であればお手上げ。危険行為を物理的に止めようとすることはできない」ということはありませんので注意してください。例えば、認知症の利用者が何かの拍子に興奮し鋏を振り上げ、他の利用者や職員に襲いかかるようなことがあれば、自分自身を含めターゲットにされた人を守るため、その利用者に対し実力を行使して構わないのです。逆にこれを看過し、手をこまねいているだけということであれば、実際に被害が生じたときに危険行為を止めようとしなかったとして逆に違法性を問われるおそれもあります。

Q 26　利用者からの暴力に対しても正当防衛が成立し得るとのことですが、具体的にどのような状況下で、どこまでの実力行使であれば正当防衛として許されることになるのでしょうか。

A　近年、利用者が職員等に暴力をふるい、逮捕されるといった事件が相次いでおり、現場における利用者の「暴走」に対処することも重要な課題となってきています。

正当防衛が成立するには、止めようとする危険行為が「急迫不正の侵害」と認められる必要がありますが、これはいい換えると「現にその者の違法な行為により他者を傷つける危険が差し迫っていること」といえます。今まさに、刃物を振りかぶり、襲いかかってくるような、危険性が明白な状況が想定されます。一方で、例えば、利用者が「俺は刃物を枕の下に隠しもっている。隣のやつが気に入らないから今夜刺してやる」等と職員に対して発言した、という状況では、危険性は予測できますが「急迫不正」とまでは認められず、その場で即座に当該利用者を拘束するようなことはできません。

次にポイントとなるのが「やむを得ずにした行為」といえるか否かという点です。これは、実際に防衛目的でする行為に、①必要性と②相当性の2つ

の要素が認められるか、という問題です。

　①については、例えば、他に誰もいない広いリビングの中で利用者が襲いかかってきた場合を想像してください。ターゲットにされた職員は若く、走って逃げる余地が十分にありました。それにもかかわらず、こちらから積極的に向かっていって当該利用者を押し倒す、あるいは腕を強くつかむといった反撃に及んだ場合には、必要性は認められないことになります。一方で、利用者が他の利用者に突然刃物を振りかざし、一刻も早く制止しなければ危害が生じてしまうような場合には、とっさに腕をつかむといった行為に必要性が認められます。

　②は、危険を回避するためにとった防衛行為が、防衛のため必要最小限度のものであったといえるかという基準です。ここが最も判断に悩む点といえますが、例えば、利用者が小柄で非力な女性だったとして、その人が素手で殴りかかってきたとしてもそれほど危険とはいえません。この行為に対し、若く力もある職員が腕を強くつかむようなことをすれば、相当とは評価されないでしょう。一方でその利用者が、鋭利な包丁や棒状のものを振り回すような状況であれば、十分に危険性が認められ、この行為に対し、さすまた等の道具で刃物を叩き落すといった行為でも相当性ありと評価される可能性が高いといえます。

　このように正当防衛が成立するか否かは、相手がどれだけ力があり、あるいは殺傷性の高い道具を用いているかといった点に左右されるため、比較すれば高齢者よりも若い障害者の暴力行為について、正当防衛は認められやすいといえるでしょう。

　しかしながら、前述のとおり近時は、身体能力が高くかつ認知症等の影響により暴力化している利用者も現場に増えつつあるといえ、高齢者施設だからといって対策が不要ということにはなりません。1つの対策として、簡単な護身術を現場職員に身につけさせるということが考えられます。そのような状況を想定した、池田俊幸氏が開発された介護事業者専用の護身術である「収め護身術」（〈https://tmlife.wixsite.com/gkousi〉）という技法が存在しま

す。できるだけ相手に痛い思いをさせないよう、人体の力学を応用し、最小限の力で暴力行為を収めるという発想に基づいており、従来の警察官が身につけるような護身術とは一線を画しています。興味のある方はインターネットで調べてみてください。

> ## Q27　利用者が職員に暴力をふるい、けがをさせた場合、当該職員や法人はこの利用者に対し損害賠償請求をすることができますか。

A　利用者からの攻撃に対しては正当防衛が成立し得ますが、利用者本人が認知症等により責任能力が認められない状態であれば、同人が生じさせた損害について本人が賠償責任を負うことはありません。根拠条文は、民法713条です。

民法
（責任能力）
　713条　精神上の障害により自己の行為の責任を弁識する能力を欠く状態にある間に他人に損害を加えた者は、その賠償の責任を負わない。ただし、故意又は過失によって一時的にその状態を招いたときは、この限りでない。

　理不尽に思われるかもしれませんが、例えば、しばしば報道される高齢ドライバーの事故においても、認知症であれば民事はおろか刑事上も責任を負わないとされるのが今の法律の考え方なのです。
　このような状態にある人を「責任無能力者」といいますが、責任無能力者が第三者に損害を与えた場合は、その監督義務者が代わりに責任を負うとされています。

民法
（責任無能力者の監督義務者等の責任）
714条
1　前2条の規定により責任無能力者がその責任を負わない場合において、その責任無能力者を監督する法定の義務を負う者は、その責任無能力者が第三者に加えた損害を賠償する責任を負う。ただし、監督義務者がその義務を怠らなかったとき、又はその義務を怠らなくても損害が生ずべきであったときは、この限りでない。
2　監督義務者に代わって責任無能力者を監督する者も、前項の責任を負う。

　認知症高齢者の監督義務者は、在宅であれば同居の家族等になりますが、施設においては、職員をはじめとする施設の関係者ということになります。したがって、例えば、認知症の利用者が他の利用者を傷つけた場合、施設が責任を問われることになるのです。施設にとって非常に不利な理屈ですが、だからこそ、このことを念頭におき、先手でトラブルを未然に防ぐよう努めなければなりません。

Q28　介護拒否や暴力がみられる施設入居者に対し、ある職員が、後方からその入居者の首元をつかみ、ズボンの腰のあたりに手を添え「危ないでしょ、ダメ、そんなことしちゃ」と言いながら体を揺さぶっているという状況を目撃しました。虐待認定をすべきでしょうか。

A　　かろうじて虐待とまでは認定されませんが、不適切な対応であることは間違いないので調査・指導が必要です。身体的虐待は「高齢者の身体に外傷が生じ、又は生じるおそれのある暴行を加えること」（高齢者虐待防止法2条4項1号イ）とされるところ、本件では、外傷の生じるおそれがあるとまではいえず、ストレートには虐待にあてはまらない点が悩まし

いところです。

　気になるのは、当該職員が何をもって「危ない」と認識したのかという事実関係です。もしかすると、当時現場では、その利用者が刃物をもって他者に切りかかるといった行為があったのかもしれません。その場合には正当防衛が成立する可能性もあり（Q25参照）、当該職員は逆に勇気ある職員といい得るかもしれず、慎重な情報収集が必要です。もっとも、だからといって、まるで子どもを論すような「危ないでしょ、ダメ、そんなことしちゃ」といった物言いは利用者に対する敬意が欠けており不適切といえ、いずれにせよその点に関する指導は必要です。

Q 29　障害者支援施設で、知的障害の利用者の行動に対してある職員が注意をしました。危険な行動であり、自傷に繋がる可能性があったためか比較的強い言い方をしていました。

　　　すると利用者は、職員の目の前で正座をして「すみません、すみません」と謝りました。この利用者は、普段から何か言われると「すみません」と繰り返して頭を下げたり、土下座のような真似をする傾向がありました。しかしそれは、専門家によれば大げさなパフォーマンスにより周囲の同情を引きたいのであろうという見立てでした。

　　　ところが今回、この様子を見ていた派遣の職員が驚き、市へ通報をしたようでした。その後、市から調査の連絡がきたのですが、本件も虐待にあたるのでしょうか。

　　　心理的虐待にあたる可能性はありますが、背景事情に鑑みれば本件は成立しないものと考えます。

　心理的虐待は障害者に対する著しい暴言、著しく拒絶的な対応または不当な差別的言動その他の障害者に著しい心理的外傷を与える言動を行うことと

定義されますが、本件の職員の言動は強い口調であったとしても利用者の生命身体を守るという合理的理由があり、著しい暴言等には該当しないといえます。しかし、もしこの職員が普段から不必要に利用者を威圧するような言動をとっていたのであれば害意がうかがわれ、虐待の可能性も出てきます。

　利用者の反応については、普段からそのような傾向があるとのことですから、ことさらに本件における言動に怯えたといった事情は見受けられず、特段心理的なダメージを与えたとはいい難いでしょう。

　その場面だけを切り取り表面的に分析すれば該当するともいい得るところですが、虐待認定は種々の事情を総合考慮し最終決定を出さなければなりません。

(2)　心理的虐待

> Q30　利用者の行動を声で制止する「スピーチロック」も虐待にあたりますか。

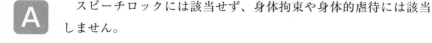　講学上は「スピーチロック」という概念もありますが、これは「心理的虐待」または「違法な身体拘束」に含まれると思われ、あえてスピーチロックという言葉を用いる必要はないものと考えます。その認定・評価方法については第6章【事例1】（51頁参照）の心理的虐待の事例を参照してください。

> Q31　トイレを希望する利用者に、職員が「今空いてないから少し待ってて下さいね」と声をかけることはスピーチロックになりますか。

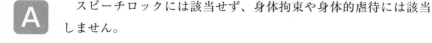　スピーチロックには該当せず、身体拘束や身体的虐待には該当しません。

　まず、厚生労働省マニュアルには身体的虐待の類型として「『緊急やむを得ない』場合以外の身体的拘束・抑制」とあり、身体拘束が例外的に認められる３要件（切迫性、非代替性、一時性）を満たさない場合は身体的虐待が成立します。

　本件では、そのような声かけが身体拘束に該当するか、という点が問題となりますが、身体拘束については同じく厚生労働省手引しか存在しないところ（令和５年10月執筆時点）、その中で例示されている11の事例の中にいわゆるスピーチロック（声かけにより利用者の行動を制止すること）は含まれていません。

　よって、法令やガイドラインレベルでもそもそもスピーチロックという存在自体が認められていないという考え方になります。一方、「手引に書かれている事例はあくまで例示にすぎず、声かけでも結果として利用者の行動の事由を抑制するのであれば身体拘束と認めるべき」という考え方も成り立ちます。その場合には、当時利用者が置かれた状況や緊急性、職員が発した声の大きさや言葉の内容等を総合的に考慮し、必要以上に強い口調で言ったような場合は身体拘束と認められる」といった考え方のもと判定すべきと考えます。

　なお、例えば職員が語気荒く、あるいは大声で言うような場合は別途「心理的虐待」が成立する可能性もありますが、いずれにせよ本件は「少し待ってて下さいね」と丁寧にお伝えしており、常識的な範疇に収まるといえ、この虐待が成立することもないといえるでしょう。

Q32　利用者を「ちゃんづけ」で呼ぶことは心理的虐待でしょうか。

A　よく虐待か否かの判定が難しい事例として取りざたされますが、本書の考え方によれば「害意」の有無（53頁参照）で判定されます。例えば、次のような指標から、ちゃんづけをする職員に害意があるといえる

かを判断するとよいでしょう。

① なぜ、ちゃんづけをするようになったのか（利用者本人が希望したのか
　等）。

② 他の利用者にもちゃんづけで呼んでいるのか。

③ 他の職員は利用者をちゃんづけしているか。

④ 利用者に対して、敬語を使う等、敬意をもって接しているか。

⑤ 施設はちゃんづけを禁止しているか。

　実は、一番簡単な解決策は、⑤の施設の方針を定めることです。あげてい
けばきりがないのですが、例えば、接遇の研修等で「べからず集」をつくり
配布するなど、言葉遣いに関する最低限のルールを定めると現場職員も迷わ
ずにすみます。ちゃんづけが必ずしも悪ということではなく、場合によって
はそのほうがリラックスでき、親密な空気をつくることができるといったメ
リットもあることでしょう。施設のカラー、方針に照らして総合的に判断す
ることをおすすめします。

> **Q33**　ある看護師が、終末期の利用者を見下ろしながら「この人結構頑
> 張るね」と言いました。これは虐待ですか。

A　心理的虐待にあたる可能性が高いといえます。

　心理的虐待は「高齢者に対する著しい暴言又は著しく拒絶的な
対応その他の高齢者に著しい心理的外傷を与える言動を行うこと」と定義
されます。

　そして、「この人結構頑張るね」との発言は、言外に「もっと早く死亡す
ると思っていた」という発言者の内心を表したものといえるでしょう。も
し全く異なる意図や意味があったというのであれば、発言者によるその旨
の弁明を聴きます。

　結果として上記のような意図であった場合は、例えそれが事の重大性を

鑑みずに軽率に発した言葉であったとしても「害意」の現れ（53頁参照）と認定すべきであり、虐待と認定し通報すべきです。なお、厚生労働省マニュアル「Ⅰ　高齢者虐待防止の基本」には「侮辱的な発言、態度」として「排せつの失敗や食べこぼしなど老化現象やそれに伴う言動等を嘲笑する」、「日常的にからかったり、『死ね』など侮蔑的なことを言う」と具体例があげられており、これに相当するといえます。

　そのような発言は、本来最も守られなければならない人の生命に対する尊厳を明らかに害するものであり、許されません。

　患者の生命身体を守るという医療職のもつべき当然の根本姿勢からおよそかけ離れたものであり、無神経かつ冷淡であるだけでなく、職業倫理にももとるものであり、その考え方自体が極めて不適切であるといえます。

　もし、他の場面においても同様に問題発言が見られる場合は、外部の倫理研修等を受けさせるなど、職務に対する向き合い方から根本的に見直す機会を与えるべきといえます。それでも改善が見られない場合は、周囲への悪影響などの深刻さに鑑み、今の職場を辞めてもらうことも検討すべきでしょう。

Q34　リハビリに消極的な利用者に、職員が「頑張らないと、歩けなくなりますよ」と言って促すことは虐待になりますか。

A　心理的虐待にあたる可能性があります。

　心理的虐待は「高齢者に対する著しい暴言又は著しく拒絶的な対応その他の高齢者に著しい心理的外傷を与える言動を行うこと」と定義されるところ、厚生労働省マニュアルには「威嚇的な発言、態度」として「『ここ（施設・居宅）にいられなくしてやる』」、「『追い出すぞ』」などと言い脅す」と具体例があげられており、これに相当するといえます。

　その他、侮辱的な発言、態度に該当する可能性もあります。

　もっとも、虐待か否かは総合的に判定すべきですから、字面だけ取り上げて判断すべきではありません。利用者との信頼関係ができている中で笑顔で発せられた「励まし」等、良好なコミュニケーションと評し得るものであれば虐待とはいえないでしょう。

　もしこれが、無表情あるいは怒気を帯びた態度で脅すようなトーンで言ったり、あるいはご利用者が嫌がっているにもかかわらず何度も繰り返すようなことがあれば、害意の現れ（53頁参照）といえ、虐待可能性が高まります。

　その見極めは紙一重なところもありますが、当該職員に対し丁寧にヒアリングを行い、発言の意図やその前後関係やご利用者との関係性等から慎重に判断します。

　おそらく、当人は「利用者に歩けるようになってほしい思いで言ってしまった」等と説明するでしょうから、「そうであったとしても、本当に利用者が望まれない場合はあまり不安にさせたり脅かすような言い方は控えるべきです。以後は、歩けなくなるといったことは言わないようにしてください」と注意し様子を見る、という対応が妥当かと思います。

Q35　心理的虐待をしたことにより損害賠償義務が認められた事例はありますか。

A　実際に民事訴訟が提起され、60万円の賠償命令が下された裁判例があります（大阪地裁平成27年7月2日判決（平成26年㈪第7581号））。大阪市の特別養護老人ホームで、男性ヘルパーから「殺すぞ」と言われたり、殴られたりしたとして、元入所者の男性（76歳）が運営法人に慰謝料300万円を求め提訴しました。裁判官は、男性の家族が録音したICレコーダーの音声データなどをもとに暴言や暴行があったと認定し、法人に60万円を支払うよう命じました。

　注目したいのが、実際に支払い命令を下されたのは法人であり、虐待行為
をした職員個人ではないという点です。本件の詳細は不明ですが、このよう
に雇用主が責任追及されるケースは往々にしてあり、当該職員よりはむしろ
法人が矢面に立たされるということを認識する必要があります。なお、本件
において法人が賠償金を支払ったとして、その一部を当該職員に負担させる
こと（「求償」といいます）はもちろん可能です。その職員の行為により生じ
た責任なのですから、本人に責任を負わせることは当然の考えです。

　ちなみにこれは民事の世界の責任であり、他にも刑事においては当該職員
に対して恐喝罪、行政レベルでは心理的虐待による改善義務や介護保険法違
反等が問われることになります。

(3)　経済的虐待

> **Q36　介護施設内で経済的虐待事件が起きることはありますか。**

A　　　筆者の知る限りでは、少なくとも高齢者施設では聞いたことがあ
りません。第7章【事例5】（71頁参照）の設例に近い事例の相談は
過去にありましたが、認知症の利用者による「物盗られ妄想」に近い現象で
あり事実無根のケースでした。

　高齢者や障害者からお金を盗んだり着服する場合には、刑法上窃盗罪や横
領罪が成立しますが、これとあわせて経済的虐待と認定されることは滅多に
ないようです。高齢者虐待の定義は「高齢者の財産を不当に処分することそ
の他当該高齢者から不当に財産上の利益を得ること」（高齢者虐待防止法2条
5項1号ホ）とあるところ、家庭内で親族が高齢者の通帳を掌握し、本人の
ために使わせない状況を第一に想定しているものと思われます。

　もっとも、施設においても、預り金の仕組みを導入しているものの、規定
や記録の仕方が杜撰であり、実質的に利用者の金銭を巻き上げているとしか
いえないケースも稀に存在します。本人が存命のうちは、さすがにあからさ

まな引落とし等はしないのですが、身寄りがない方が亡くなったときに口座の残額を横領してしまう施設があると聞いたことがあります。これなどは、まさに組織ぐるみの経済的虐待といえるでしょう。そのような観点での行政による調査が不足しており、見逃されているだけなのかもしれません。

Q37　高齢者グループホームを運営しています。昨今の物価上昇にあわせ利用者から徴収する食費を値上げさせていただいたのですが、その際、先々も見据え多少余裕をもって高めの変更としました。

　すると、ある利用者家族から「算定根拠が不明であり、一食あたりの材料費に照らすと明らかに取り過ぎである」とクレームがありました。それにとどまらず、家族は「このように高齢者から一方的に搾取することは経済的虐待にほかならず、通報します」とも言われ面くらってしまいました。このような場合本当に虐待が成立するのでしょうか。

A　経済的虐待が成立することはないでしょう。同虐待は「高齢者の財産を不当に処分することその他当該高齢者から不当に財産上の利益を得ること」と定義されるところ、今回の値上げはあくまで双方の合意に基づくものであり、利用者の財産を「不当に処分」したり「不当に財産上の利益を得ること」には該当しないためです。

　グループホームの利用者は基本的に認知症であり、自身では判断できないことから「一方的に値上げされた」と感じやすく、今回のような苦情となるのかもしれません。しかし、最終的に判断するのはその代理の立場を努める家族や成年後見人であり、家族側が納得しなければ法的には合意は成立せず、値上げもできないということになります。

　本件のように1人だけ合意が得られないと施設側としては困ってしまいま

すが、根拠を示し粘り強く説得を続けるほかないでしょう。場合によっては、現在の値上がり平均値に対応した値上げ幅にあらためる必要もあるかもしれません。しかし、値上げ自体が経済的虐待となることはないといえ、仮に行政に通報されても落ち着いて説明すれば理解を得られるでしょう。

Q 38　障害者支援施設に入所する知的障害のＡさんという方がいます。成年後見人はついていません。Ａさんの預金通帳は、入所時に施設で預かり管理していました。ある日、Ａさんの父親が「本人の財産状況を確認したい」と来所しました。職員が説明すると、「実は、本人名義の預金から100万円を借用したい」との申し出がなされました。
　　言われるまま渡してしまうと遣い込まれてしまうと思い、とっさに「自分たちでは判断できない」と答えましたが、父親は引き下がらず「市役所に相談してみる」と言い帰られました。このような場合、どう考え対応すべきでしょうか。

A　利用者の財産を不当な遣い込みから守るという権利擁護の観点からは当然拒否すべきように思われますが、法的権限が認められるかが問題となります。施設側でＡさんの通帳を管理する権限は、あくまでＡさんまたはその家族から委託を受け、施設の「預り金規程」に基づき認められるにすぎないということになります。そうなると理屈上は、家族側から出金の求めがなされたときに「あなたは信用ならないから応じられません」と拒否することは難しいでしょう。

　しかし、本件のような状況では認識のとおり父親に渡せば遣い込んでしまうおそれが強く、無条件に応じるべきではないことは確かといえます。

　このようなときは、ともかく「周囲を巻き込む」という発想が大事です。例えば市の障害福祉課に相談すると、市からもアドバイスを得られるでしょ

う。場合によっては市のほうから父親に「借金の程度や使途によっては経済
的虐待になる」と警告してもらうことも考えられます。このように、虐待防
止法を効果的な駒として効かせ不当な財産処分を牽制することもときには必
要となります。

(4)　性的虐待

> **Q 39**　ケアマネージャーです。担当利用者のところに入ったヘルパーか
> ら、胸を触られたという申し出が利用者からありました。1 回で
> も性的虐待が成立すると思いますが、利用者は「あまり大ごとに
> はしてほしくない。相手に知られて逆恨みされるのが怖いから」
> とおっしゃいます。しかし、このまま看過することもためらわれ
> ます。自分はどのように対応すべきでしょうか。なおこの方に家
> 族はおりません。

　　　　まず利用者の話が事実であれば、1 回でも性的虐待が成立すると
いう認識は正しいといえます。

　もっとも、杓子定規に通報すると大ごとになってしまう可能性もあり、利
用者の意向を考えると困ってしまいますね。

　このようなときは、利用者に「自分が虐待の事実を知った以上、本来は高
齢者虐待防止法に基づき市町村に通報する義務が発生する。しかし、かえっ
て利用者様に危害を加えたり不安にさせてしまうことはしたくない。もしど
うしても通報を望まれないのであれば、少なくとも再発防止の観点からこの
事実を訪問介護事業所の管理者等に伝え対応を求めたいが、どう思われます
か」と説明し、説得を試みられるとよいでしょう。そのうえで利用者が理解
して下されば通報や管理者への通知等必要な対応をします。もし、いずれも
固辞されるようであれば、例えば「管轄の地域包括支援センターに報告し情
報共有する」といった次善策を提案します。そのうえで、利用者の返答や反

応を詳しく支援経過記録に記録しておきます。

　こうすることで、結果として通報をしなかったとしても、そのためのプロセスを踏み最善を尽くしたことを立証でき、自分の身を守ることができます。このように、「結論は不可とわかっていても自分なりの最善を尽くし、記録する」という考え方・手法は、広く応用が利きますので覚えておかれると良いでしょう。

Q 40　施設の夜勤者です。明け方、ある入居者が尿失禁して全裸の状態だったので、車椅子に乗せ上からバスタオルをかけた状態で居室外の浴室に運び（居室にはシャワールームはありません）、シャワーを浴びていただき、タオルで全身を拭いていただいた後、更衣をお手伝いしました。

　　すると翌日、その報告を受けた施設長から「部屋の外で更衣をさせたのは虐待にあたるので、今後は出勤停止する」と通告されました。これは不当な処分といえないでしょうか。

A　不当な処分といえます。

　　前提となる虐待認定が誤っており、本件で性的、あるいは心理的虐待は成立しません。

　まず性的虐待は「高齢者にわいせつな行為をすること又は高齢者をしてわいせつな行為をさせること」と定義され、厚生労働省マニュアルでは「排せつや着替えの介助がしやすいという目的で、下（上）半身を裸にしたり、下着のままで放置する」という例示があり、もしやむを得ない事情がないにもかかわらず、意図的に利用者を辱める目的でそのようなことをしたのであれば性的虐待が成立するといえるでしょう。

　しかし本件では、入居者が尿失禁して全裸の状態で発見され、居室内にシャワールームもなかったことから致し方なく居室外の浴室までお連れしたもの

であり、そのような行動をとることにつきやむを得ない事情があったというべきです。

　結果論でいうならば、例えば当時他職員も勤務していたのであれば応援を呼び室内で清拭・更衣するといった対応も考えられなくはないですが、全身が尿にまみれていたのであれば相談者がとったような行動が合理的であり適切であったといえます。尿のついた状態で清拭・更衣した後浴室にお連れするという行動はあまりに煩瑣であり、他の利用者のフォローができなくなるおそれもあるためです。

　例えば、もしこのような事態に備えあらかじめ施設のほうから「居室外で更衣をさせてはいけない」といった指導があり、それにことさらに違反したのであればまだ問題視する余地は出てきますが、そうであったとしてもそもそも居室外で更衣をさせることがすべて問題であるとはいえず、廊下で着替えさせたわけでもないのですから出勤停止を命じる理由にはなりません。

　本件については一連の顛末を本部に報告し、施設長の認定、判断および命令は明らかに不当である旨抗議するといったことが考えられます。

⑸　ネグレクト

> **Q 41**　職員が全員多忙で、利用者の排泄介助に手がまわらない状態が継続した場合等でも、不作為による虐待（ネグレクト）と認定されるのでしょうか。

A　ネグレクトに関してはその成立要件である「高齢者を養護すべき職務上の義務」がケースにより異なるため、特に多種多様な条件を考慮し、総合的に判定する必要があります（62頁参照）。平たくいえば「十分できたにもかかわらず、あえてこれを怠った場合」に職務上の義務を懈怠したといえるのですが、本当に当時の人的・時間的制約の中で「十分できた」といえるか否かは、現場サイドと認定機関サイドで大きく見解が食い違

う状況になりやすく、判断を誤ると現場職員全員を敵に回しかねないという独特のリスクがあるため注意が必要です。

本件においても、次のような指標にあてはめ、判断することが考えられます。

---

① 当該利用者の排泄介助に対応し得た職員は、それぞれ当時どのような作業に従事していたのか。また、各々の作業の緊急性および重要性。
② 職員らは、当該利用者が排泄介助が必要であることを認識していたか。
③ 当該利用者は職員のケアがなかったために、どのような被害を被ったといえるか。

利用者保護一辺倒になり、容易に虐待と認定しても現場職員との信頼関係を損なうおそれがあり、一方で職員側の言い分ばかり聞いていては利用者の尊厳を守ることができず、何でも言い訳がとおり、目に見えないケアの質の低下が進んでしまいます。常にバランス感覚を忘れず臨むようにしましょう。

Q42 ベッドメイクが雑で、利用者のオムツ交換時にオムツの当て方が不適切な職員がいます。何度注意しても改まらない場合、不作為による虐待（ネグレクト）と認定すべきでしょうか。

A 　ネグレクトは「高齢者を養護すべき職務上の義務を著しく怠ること」と定義されるところ、本件の場合は単に能力が平均以下であり「著しく怠った」とまでは評価し難いものと思われます。ただし、もし、利用者の排泄物に気づきながら処置を怠るといった衛生面での任務懈怠が明らかに認められる場合は「著しく怠った」との評価も可能と考えます。

本件では、任務懈怠が明らかでない限り、ネグレクトとまでは認定せず、普通解雇を最後の手段として退職勧奨する等の労働関係上の措置をとることになるでしょう（第8章参照）。

Q 43　デイサービスの施設長です。ある職員が利用者の排泄介助をして
　　　いたのですが、物音がしなくなったのでトイレに様子を見に行く
　　　と、職員が利用者の前で仁王立ちになり、腰に手を当てて無言で
　　　見下ろしていました。利用者は失禁し床に座り込み、何やらぶつ
　　　ぶつとつぶやいていました。
　　　　その場の空気が険悪であり異常なことに気づき、すぐ職員を引
　　　き離しましたが、失禁した利用者から暴言を吐かれカッとなった
　　　ということです。
　　　　この場合も、何らかの虐待が成立するのでしょうか。この利用
　　　者は認知症であり職員の態度や内心を理解しておられないように
　　　も思えるのですが、それでも成立する可能性はあるでしょうか。

A　　　判定が困難な事例ですが、結論としては虐待とまでは言い難いも
のと思料します。

　拒絶的な態度、相手を威圧する態度をとることは心理的虐待に該当し、ま
た更衣などの必要な介助を行わないという点でネグレクトも成立し得ます。

　もっとも、前者については「高齢者に対する著しい暴言又は著しく拒絶的
な対応その他の高齢者に著しい心理的外傷を与える言動を行うこと」という
定義に照らし合わせても「著しい心理的外傷を与える言動」とまでは言い難
いでしょう。

　後者は、今回のような放置が長時間あるいは繰り返し見られるなど恒常的
な場合に成立すると判断すべきであり、この一事をもって直ちに成立すると
は言い難いものと考えます。

　ただし、当該職員がその他にも「何やってるんだ」等と利用者に暴言を吐
いたり、体を小突いた等の事情があれば、虐待が成立する可能性も十分にあ
ります。職員から慎重にヒアリングを行い、委員会で協議検討し結論を導く
べきです。

　利用者が認知症であり状況を理解していなくとも、虐待の成否には影響しません。当然ながら、「相手が認知症であれば何をしてもよい」ということにはなりません。

(6)　身体拘束

> **Q 44**　厚生労働省の通知によると、身体拘束が違法と評価された場合、即虐待と認定されるとのことでしたが（115頁以下参照）、職員らにもそのように説明し、直ちに行政へ通報するように指導すべきでしょうか。

A　悩ましいところですが、結論としてはそこまでせずともよいと考えます。虐待と身体拘束の根本的な違いは、利用者に対する「害意」があるか否かという点ですが、身体拘束は、何かしら、もっともといい得る理由があり、そのためにやむを得ず行うということが圧倒的に多いといえます。ところが身体拘束が許されるための3要件（118頁参照）のうち、例えば、「一時性」を満たすかどうかの判断が微妙なケースがあったとします。厳密に解釈すれば「これは虐待のおそれがある場合にあたる」として、行政へ通報してしまう職員が続出しかねない、という問題が実務上生じてくるのです。これは、さすがに行き過ぎであり、対応する行政としてもたまったものではないでしょう。「身体拘束の違法性と虐待の成否は、そもそもルールを定める法律や考え方が異なるため別物であり、あくまで虐待の成否は別途検討する」というスタンスで臨むことが複数の意味で望ましいと考えます。

> **Q45**　身体拘束を実施する際に、利用者家族の同意は不要とのことでしたが（120頁以下参照）、最低限、身体拘束を行うことを知らせる必要はあるものと理解しています。その中で、厚生労働省による参考様式（【書式10】122頁参照）は、形式ばっており、家族を余計に驚かせ、心配させてしまうのではないかと懸念しています。よりマイルドな表現のものはないのでしょうか。

A　気持ちはよくわかります。厚生労働省手引内の参考様式は、拘束具や施錠等のいわば本格的な身体拘束を想定しているため、表記も「入所者（利用者）本人又は他の入所者（利用者）等の生命又は身体が危険にさらされる可能性が著しく高い」など、どうしても物々しくなってしまいます。一方で介護福祉の現場は、質問のように、拘束まで至らず「配慮」と表現したほうが適切な微妙な事例が多々存在します。

　そこで、筆者のオリジナルになりますが、下記のような障害者就労支援施設における措置の事例に関し同意書面案を作成してみました。身体拘束にはあたらないため、同意は本来不要なのですが、後から「聞いていない」といったトラブルを予防するため、あえて「同意書」という体裁をとっています。【書式15】（199頁）を参照してください。

> **【事例】**　就労支援施設の利用者Ａ様は自閉症であり、視覚・聴覚が過敏なため、ちょっとした刺激でパニックになることがある。そのようなときは、職員の判断により別室にて作業してもらうこととしたい。職員が付き添い作業するが、これはＡ様の行動の自由を制限しているといえなくもないため、念のため保護者に説明し、確認をとりたい。

【書式15】 特別な配慮に関する同意書面

　　　　　　　　　　　　　　　　　　　　　令和　年　月　日

A　様

　　　　　　　　　　　　　　　　　　　社会福祉法人○○
　　　　　　　　　就労支援施設○○　管理者　○○　㊞

　　　　ご利用者様への特別な配慮に関するご説明と同意書

　平素より就労支援施設○○をご利用頂きありがとうございます。この度、ご利用者であるA様の就労支援につき、弊所としては下記の理由から特別な配慮をさせて頂きたいと考えます。これは厳密には身体拘束に該当するものではありませんが、「ご利用者の行動の自由を制限する」という面もございますため、本書面にて説明させて頂きます。ご了解頂けましたらご同意の署名捺印をお願いいたします。

1．配慮の内容

態様：A様に作業用の別室をご用意し、原則として通常作業はそちらで、お一人で行って頂きます。指導員が必ず一名同室します。

時間帯：午前中と午後の作業時間。お昼休みは自由に行動して頂けます。

期間：A様が弊所を利用される期間。ただし、もしA様ご自身がこれを望まれない場合は、他のご利用者との関係で支障が生じないかも含め、できる限りご希望に沿うことができるよう検討致します。

2．配慮の理由

　A様は自閉症であり、視覚・聴覚が過敏であるため。主治医の指導による。

3．特記すべき心身の状況やご利用者・ご家族の意見

　特になし

- -

　上記につき説明を受け、その内容につき了解し同意しました。

　　　　　　　　　　　　　　　　　　　　　令和　年　月　日

（A様　署名欄）

_____㊞

（ご家族B様　署名欄）

_____㊞

> **Q46**　前傾姿勢のため、車椅子からすぐ前のめりに落ちそうになってしまう全身麻痺の利用者がいます。これをY字ベルトで支えることは身体拘束にあたるでしょうか。また、身体拘束にあたるとしても、身体拘束が許されるための3要件を満たすと解釈してよいでしょうか。

A　態様自体は明らかに身体拘束に該当しても、本ケースのように利用者自身がもともと動けない場合、身体拘束の定義（115頁参照）である「行動の自由を直接的に制限する行為」といい得るのか否かが問題となります。これは判断が難しいところですが、やはり客観的にみて行動の自由を奪う結果となっていない以上、身体拘束にはあたらないと判断するほかないものと考えます。ただし、その態様は必要最小限でなければならず、例えば、本件でも車椅子に固定するだけでなく、両手もミトンで覆うといった措置までしてはいけません。

では、仮に身体拘束に該当するとして、3要件を満たすでしょうか。切迫性、非代替性は認められますが、一時性となると疑問符がつきます。日中の限られた時間において、リハビリも兼ね車椅子に座る、といった限定的な状況であれば、まだ認め得るかもしれませんが、1日の多くの時間を車椅子に座って過ごす状況であるにもかかわらず、365日ずっとベルトで固定しているというのでは一時性の要件を満たさず、違法となるでしょう。

> **Q47**　多動で立ち上がり時に転倒リスクがある利用者が、「車椅子から落ちないように、ひもで縛ってほしい」と職員に希望してきました。利用者の希望どおり応じてよいでしょうか。

A 　利用者の同意は身体拘束が許されるための要件ではないため（120頁参照）、本人が同意ないし希望したからといって免責されることにはなりません。したがって、「違法な身体拘束になるためできません」と説明し、理解を求めるほかないものと考えます。

Q 48　家族が身体拘束を希望した場合、これを施設側で断り、その結果、施設内で転倒事故が起きてしまいました。その場合、施設は事故の責任を負うのでしょうか。

A 　残念ながら責任を負う可能性があります。この点が実は身体拘束に関する究極のジレンマなのですが、施設事業所は利用者を拘束してはならない一方で、何か事故等があれば責任を負わされるという非常に不利な立場にあります。法律は特定の一場面を切り取り、要件を形式的にあてはめ、結論を出す硬直的なシステムであるところ、「身体拘束を希望されたが、人権保護の観点からお断りした」等という背景事情は、全く考慮してくれないものなのです。したがって、転倒事故そのものを取り上げ、責任追及された場合、施設側としては通常の転倒事故と同様の分析をしなければなりません。

　本件のような場合、家族側は「だから拘束しておいてくれと言ったのに、どうしてくれるのだ」と一層語気を強め、責任を追及してくることが想像できます。転倒程度で済めばまだましですが、認知症の利用者が無断外出し行方不明、等という事態になれば目も当てられません。

　施設側でできることとしては、そもそもコンプライアンスの一環として身体拘束は原則として禁じられていること、そして、利用者の自由を優先する以上、転倒等の事故は起こり得ることを、利用契約時に平易な言葉で丁寧に家族に説明し、できる限り理解してもらうよう努めることぐらいしかないものと思われます。「施設内で起きるいかなる事故についても責任を問いませ

ん」といった、全面的な免責条項にサインをさせるような方法は、そもそも
それ自体が違法であり無効と評価されるためとり得ません。

> **Q49** 身体拘束は禁止されていること、転倒の事故は起こり得ることを
> 家族に契約時にどのように説明したらよいでしょうか。

　　　参考までに、リスクマネジメントセミナー等で配布する説明の例
を記載します。なお、施設の損害賠償規程は次のように定めてあり
ます。

（損害賠償責任）
第○条　事業所は、本契約に基づくサービスの実施に伴い、自己の責に帰すべ
　　き事由により利用者に生じた損害について賠償する責任を負います。
2　事業所は、民間企業の提供する損害賠償責任保険に加入しています。前項
　　規定の賠償に相当する可能性がある場合は、利用者又はご家族の方に当該保
　　険の調査等の手続にご協力頂く場合があります。

（損害賠償規定の説明方法）
　「第1項の『サービスの実施に伴い』生じた損害とは、例えば、もち
ろんあってはならないことですが、ご利用者様が歩行中に転倒された
り、夜間にベッドから落ちたり、食べ物をのどに詰まらせるという事故
が考えられます。
　こうした事故の原因は、スタッフが一瞬目を離したり、見ていない間
に居室で起こることが多いのですが、私どもの施設では、特にご利用者
様の見守りや、家族との連携に力を入れておりまして、今まで大きな事
故が起きたことは、おかげさまで一度もありません。
　ですが、当施設では、よそでも皆さん、そうしておられるようです

が、利用者様のご意向・自由や尊厳・プライバシーを最大限に尊重するという方針をとらせていただいております。また、できるだけ日常生活の中でリハビリを実践し、体力を維持・回復していただきたいため、歩行困難でもあえて歩いていただくこともございます。

　事故を完全に防ぐには、極端な話、ご利用者様をずっとベッドに縛りつけておけばよいということにもなりそうですが、そのような身体拘束はしない、ということです。ところが、ご自宅におられるのと同じ要領で生活していただきますと、やはりお一人おひとりにマンツーマンで職員が張りつくことができない以上、当然、スタッフの目がいき届かないという状況も生まれてきます。

　どうしても手の届かない所で、不意にバランスを崩して転倒されるということも考えられるわけです。あるいは、ちょっとした衝撃でけがをされてしまい、いつ、どのようにしておけがをされたのかがわからない場合も考えられます。

　端的にいいますと、施設で事故が起きても、客観的にみて『自己の責に帰すべき』とは評価されない場合も実際にはございます。

　つまり、事故であればどのような場合でも直ちに賠償責任が発生するとは限らないということです。

　第2項にありますように、当法人は民間の賠償保険に加入しており、もし、骨折等の大きな事故が起きれば、その責任の調査はまず損害保険会社がいたします。

　その際、例えば、入院先の診療記録等が必要となることもあるため、その開示に必要な同意書等をご家族様にお書きいただくこともあるのですが、予めご了承いただけますでしょうか。

　そういった事情をご理解いただきたく、そのうえで、利用者様の安全を守るために最大限気をつけて実施して参りますので、ご理解・ご協力いただければと思います。

　私どもは介護のプロではありますが、○○様のことを一番ご存知の

方、○○様のプロはご家族しかおられません。是非、○○様のことをこれからも教えていただければと思います。

　今までのご説明の中で、ご不明な点はございますか。

　先ほど○○様に関するリスク分析をご説明しましたが、何かご不明点等はなかったでしょうか」。

4　令和 3 年度介護報酬改定関係

Q50　定期委員会と適時委員会について、対面式ではなくオンラインシステムなどで開催してよいのでしょうか。

A　可能です。厚生労働省の介護保険最新情報 vol.945（令和 3 年 3 月 19 日）には「虐待防止検討委員会は、テレビ電話装置等を活用して行うことができるものとする」とあり、オンラインシステムで実施して構いません。

　なお、厚生労働省の最新情報 vol.945 は続けて「この際、個人情報保護委員会・厚生労働省『医療・介護関係事業者における個人情報の適切な取扱いのためのガイダンス』、厚生労働省『医療情報システムの安全管理に関するガイドライン』等を遵守すること」と述べており、個人情報データ保護のための職員研修、安全管理措置等の対応が必要となります。

Q51　「定期的な内部研修の実施」について、参加者が各自、研修についての動画をみるなどの対応ではいけませんか。

A 　厚生労働省の最新情報vol.945に「九(2)③には、虐待の防止のための従業者に対する研修（第3号）として、①従業者に対する虐待の防止のための研修の内容としては、虐待等の防止に関する基礎的内容等の適切な知識を普及・啓発するものであるとともに、当該訪問型サービス事業所等における指針に基づき、虐待の防止の徹底を行うものとする、②職員教育を組織的に徹底させていくためには、当該訪問型サービス事業者等が指針に基づいた研修プログラムを作成し、定期的な研修（年1回以上）を実施するとともに、新規採用時には必ず虐待の防止のための研修を実施することが重要である。

　また、研修の実施内容についても記録することが必要である。研修の実施は、事業所内での研修で差し支えない」と記されており、参加者が各自、研修についての動画をみる、いわゆるオンデマンドの方法を否定していません。よってオンデマンドで実施して構いません。

　この中で、新規採用時にも実施を要するとされている点に注意が必要です。中途で1、2名採用するときも都度研修が必要となりますが、そのようなときこそ動画視聴が有効でしょう。

　筆者の運営するYouTube動画「介護トラブル解決チャンネル」内の研修用動画をご活用ください（〈図表10〉参照）。どなたでも無料で利用いただけます。

〈図表10〉　施設向け・在宅向け・障害福祉向けQRコード（〈図表3〉再掲）

　（施設向け）　　　　　（在宅向け）　　　　（障害福祉向け）

> **Q52**　介護施設の者です。人手不足で都度都度、新規職員を採用してい
> ます。採用日が近い新規の職員について、まとめて虐待の内部研
> 修を実施してはいけないのでしょうか。

A　　厚生労働省　最新情報 vol.945 には「新規採用時には必ず虐待の防止のための研修を実施すること」とあるところ、厳密にいえば個々の職員ごとに実施することが望ましいといえます。

しかし、採用日が近い場合はこれをまとめて実施することにも十分合理的理由があるといえ、認められるものと思料します。もし不安が残る場合は、地元の市町村に確認されるとよいでしょう。

> **Q53**　特別養護老人ホームの施設長です。令和 3 年度介護報酬改定より
> 前に、すでに虐待予防に関する運営規程と指針のようなものを設
> 置していました。令和 6 年 4 月からの義務化に伴い、内容を刷新
> したほうがよいですか。

A　　運営基準解釈通知には運営規程や指針に記載すべき事項が定められており（127 頁参照）、それらに準拠しているかをチェックしましょう。過不足がなければ現行のものを規程として問題ありません。

> **Q54**　担当者（責任者）に誰を指名すればよいかわかりません。どういっ
> た基準で選べばよいでしょうか。

A　　担当者については特段選定の基準等は示されていませんが、指針の策定・委員会の運営・研修の実施を包括的にみる立場となるため、

通常、組織のトップである施設長や管理者が選ばれることが多いといえるでしょう。

　実質的な基準としては、やはり人権に対する理解が深く人権感覚に優れている人が適任といえます。利用者や家族、職員からも評判がよく、日頃の言葉遣いや態度にも問題がみられず、どのような相手にも敬意をもって接するような人が理想です。

　なお、これらの担当者は虐待防止委員会の責任者と同一であることが望ましいとされています。

　選定後、重大な虐待事件が起きたようなときに担当者を交代するかといった問題が先々考えられますが、そうしたことについても特段の規定はみられないため組織ごとに判断すればよいものと思われます。

5　職員の指導・処罰

Q55　特別養護老人ホームの施設長です。今施設に、何でも虐待と早合点して通報してしまう困った職員がいます。例えば「利用者にタメ口で話しかけている職員がいた。心理的虐待なので通報します」といった調子です。通報したことを伏せようとせず、逆に相手職員を威圧するために通報したことを公言している節があります。

　　　行政側も、当該職員がいわば「オオカミ少年」のようになっていることは承知されており、通報を真に受けて調査に入るようなことは無いのですが……本人は懲りずに「何かあれば通報する」という姿勢を変えようとしません。

　　　このような場合、施設としてはどのように対応すべきでしょうか。立場上「虐待通報をするな」とは言えず、悩んでいます。

A　　難しい問題ですが、考えのとおり通報自体を制限することは法律上できません。法律には「虐待を受けたと思われる高齢者を発見した場合は、速やかに、これを市町村に通報しなければならない」と定められており、通報をするのに虐待が成立しているという確証をもつ必要はないからです。

　もっとも、本人の勝手な思い込みにより通報と判断していたのでは、これもまた法令に沿った運用とはいえないことになります。そこで、本人が自らの判断で「虐待認定」したときは、即座に「なぜ虐待と考えるのか」を尋ねてみるとよいでしょう。

　質問の例についてみると、確かに利用者にタメ口を使うことは好ましくありませんが、あくまで接遇上の不備にすぎず、心理的虐待とまではいかないでしょう。なぜなら同虐待は「高齢者に対する著しい暴言又は著しく拒絶的な対応その他の高齢者に著しい心理的外傷を与える言動を行うこと」と定義されるところ、言葉遣いが少々不適切なだけでは、通常「著しい暴言」とまではいえないからです。このように、法令上の定義に照らして認定することが重要であり、議論の前提となります。

　他のＱ＆Ａ等でも示しているように、虐待か否かのグレーゾーンの判断方法を学び身につけてもらうよう、当該職員を含め施設職員全体を教育・指導していけるとよいでしょう。

Q56　高齢者虐待防止法には、虐待を受けたと思われる高齢者を発見した場合は、行政に「通報」しなければならないとありますが（21条１項等）、警察への犯罪通報と同じような重い響きがあります。職員に説明する際、「通報」という言葉を使うと、職員が誤解したり、動揺してしまうのではないかという懸念があります。実際には、どのように理解すればよいのでしょうか。

確かに「通報」という言葉には重いイメージがあり、あたかも「同じ職場の仲間を裏切る」といった心理的抵抗を感じるかもしれません。だからこそ、その趣旨と意味を正確に伝える必要があるといえます。

　なぜ、高齢者虐待防止法や障害者虐待防止法が「虐待を受けたと思われる」場合も含め市区町村へ通報するよう義務づけたかといえば、それは虐待がエスカレートしやすく、ときには被害者の生命や身体に取り返しのつかない損害を及ぼしかねない危険性があるため、まだ「芽」である段階から行政に知らせてもらうことで施設等と連携し、予防していくという考えに基づいています。ということは、逆にいえば「思われる」といった不確かな段階でも本来は報告すべきものであるところ、行政に状況を知らせること自体はそれほど重要な意味をもたないともいい得るのです。

　したがって、「通報」とはあるものの、それは単に事実を行政に知らせるという意味しかないのであり、すべては現場において声を上げることができない高齢者・障害者の人権を守るために存在するということを強調するとよいでしょう。

　もっとも、そうはいいながら文字どおり何でも自己の判断で「通報」してしまっては混乱をきたすだけであり、まずは直属の上長、および虐待防止委員会に報告してほしいと伝えること自体は問題がなく、むしろ組織としての自立の観点からは望ましい姿勢といえるということは第2部で述べたとおりです（40頁参照）。なかなかに難しい根本的矛盾を孕んだ問題ですが、法人ごとにその理念に即したあり方を模索していってください。

Q57　利用者から話しかけられた際に「あ？」と聞き返した職員がいました。どのように指導すればよいでしょうか。

　　第2部で基本的指導方法として紹介したように、「相手に質問し、気づかせる」ことがポイントです（55頁以下参照）。そのような場面

に遭遇すると、驚いてつい「そんな言葉遣いはあり得ないでしょう！」等と上から目線で「指導」してしまいがちです。しかし、このような場面だからこそ落ち着いて対処したいものです。

　まずは、事実確認から始めましょう。「今、『あ？』という言葉を聞いたけれど、それはあなたが利用者の○○さんから呼びかけられたことに対する返答としてだったのですか？」。当たり前のようですが、もしかすると聞き間違いということもあるかもしれません。あるいは、この問いかけに対し「いけないことをした」と早々に認識し、「不適切な物言いでした。すみませんでした」等と改めてくれる可能性もあります。

　残念ながら事実であり、しかも当該職員に不適切であるとの自覚もないようであれば、第2段階に進みます。「その返答の仕方は、私には気心の知れた友達に対するもののように思えるのだけれど、ご利用者に対しても適切な言葉であると思いますか？」。ここまで指摘すれば、大抵は不適切性に気づくことでしょう。その際「では、本当はどのような返事の仕方が適切だったと思いますか？」等と促し、目指すべき姿を自分で考えさせることも大切です。このようなやりとりをする中で、そもそも利用者・高齢者に対する敬意や尊厳への配慮という概念が身についていないと思われる場合には、接遇の基礎や敬語の使い方から学び直してもらう必要があります。気の遠くなる作業ですが、案外できていない人も多いため、全体研修として実施するのもよいきっかけになるかもしれません。

　言葉遣いは重要であり、何となくぎすぎすしている職場ではお互いに余裕がなく、がさつな言葉を使っているものです。そのような環境が、徐々に悪化するうちにいつしか虐待の温床となるのです。

Q58　「虐待を発見したらまず施設長に報告するように」と現場職員を指導することは問題ないでしょうか。

A　このように第1段階として施設内で情報を共有することは、高齢者虐待防止法の規定と抵触する可能性があるため、実は非常に悩ましい問題であるといえます（35頁参照）。虐待を受けたと思われる状況を発見した場合は、行政に通報せよとある以上、行政への通報を一律に制限するような内部規定は、さすがに法の趣旨に反し望ましくないといえるでしょう。しかしながら、心理的虐待も含め、あらゆる虐待と思しき事象をすべて行政に通報するというのも行き過ぎであり、今度は組織としての自律性・主体性（さらには浄化作用）が問われることになります。そのような観点から本書では、「刑事罰相当と思われる重大な事件に関しては、直ちに行政に通報することとし、それ以外の悩ましいケースは内部の判定評価機関である虐待防止委員会に報告するように」とする方針をおすすめしています（39頁以下参照）。

Q59　虐待の存否が不明な段階で、現場職員が行政に虐待通報をしてしまいました。この職員を処罰できますか。

A　高齢者虐待防止法21条7項には「養介護施設従事者等は、第1項から第3項までの規定による通報をしたことを理由として、解雇その他不利益な取扱いを受けない」と明確に定めており、処罰することは許されません。職員の中には、解雇等された後に腹いせとしか思えないでたらめな虐待の通報をするような者もいますが、いずれにせよ施設側としては日々つけている記録に基づき淡々と説明するだけです。このような職員の行為に振り回されない意識が必要といえます。

Q 60　虐待の存否が不明な段階で、現場職員がインターネット上に法人内において虐待が常態化している旨記載し、発信してしまいました。この職員を処罰できますか。

A　もし、記載内容に虚偽があり、ことさらに法人の名誉を害する場合には、法人に対する誠実義務違反行為として懲戒処分をすることが可能です。もっとも、この場合であっても懲戒解雇まですることは、いざ提訴されれば裁判所に懲戒解雇を無効と判断されるリスクがあり、難しいところです。

　なお、職員の当該行為により被害を受けた法人は、名誉回復のための調査に要した費用や、名誉侵害行為による売上の減少分などの財産上の損害について賠償請求することも可能です。

　しかし、条文では名誉毀損の成立について、その内容が公共の利害に関する事実であり、また事実の公表が公益目的であり、その真実性の証明ができる（あるいはできると当人が信じていた）場合には、名誉毀損は成立しないとされています（刑法230条の2）。本件では虐待の事実の公表はこの要件を満たす可能性が高く、かつ高齢者虐待防止法は虐待のおそれがある段階で行政への通報を指示していることもあり、この発信をしたことをもって直ちに処罰することは早計といえます。頭から「あなたの行為は違法であり犯罪である」等と断定することは控え、穏便な話合いで解決を目指すべきといえます。

Q 61　昨年、同僚の施設職員が高齢者の方に暴行を加えているのを発見したので、市に虐待の通報を行い、施設に調査が入りました。すると、施設から突然、損害賠償を請求され、さらに解雇するとも言われました。どうすればよいでしょうか。

A 　虐待の通報が虚偽であることを認識していたり、虐待の通報に過失があるような場合でない限り、損害賠償責任は負わないとされ、刑法上の秘密漏示罪や個人情報保護法違反などにも問われません（高齢者虐待防止法21条6項）。通報を受けた市区町村職員には守秘義務があります（同法23条）が、仮に通報の事実が発覚しても、正当な通報をした職員を解雇したり、降格などの不利益扱いをすることもできません（同法21条7項）。

Q62 　上司の立場で職員の不適切行為を指摘し、「虐待の可能性がある」と告げたところ、「パワハラだ」と主張されました。どのように対応すればよいでしょうか。

A 　パワー・ハラスメント（パワハラ）とは、「同じ職場で働く者に対して、職務上の地位や人間関係などの職場内の優位性を背景に、業務の適正な範囲を超えて、精神的・身体的苦痛を与える又は職場環境を悪化させる行為」（厚生労働省「職場のパワーハラスメントの予防・解決に向けた提言」）（平成24年3月）をいうところ、虐待と認定する根拠がはっきりしており、その事実の指摘の仕方や注意指導に行き過ぎた点（罵倒やことさらに侮辱的な言動を用いること等）がないのであれば、パワハラが成立することはありません。したがって、その旨を淡々と説明し、仮に相手が譲ることがなくとも、後は無視するほかないでしょう。少しでも、「確かに、私の言い方にも問題はあった」等と認めると、結局、足元を見られてしまい仕事に対する姿勢がかえって劣化するおそれがあります。

　このようにパワハラの定義や、いかなる場合にパワハラが成立するかについて正確に理解せず、ことあるごとに「パワハラだ」と言う職員は少なからず存在する印象ですが、パワハラとはどのようなものかについて一度、研修等を実施するとよいかもしれません。

Q 63　虐待の原因は、職員の疲労などによるストレスであること が多い ように思いますが、施設において職員のストレスを少しでも解消 するにはどのような方法がありますか。

A　　一概にはいえませんが、夜勤が多く、あるいは連続勤務が続くと、 誰でも疲労が蓄積し、イライラしやすくなるものです。人は、日々の 生活のリズムを整えることが健康のためには重要といわれていますが、その観 点からは、例えば、思い切って「夜勤と日勤を切り離す」ことが考えられます。 これは実際に実施している施設から聞きましたが、その施設では、一職員に日 勤・夜勤を織り交ぜたシフトを組ませた結果、職員の生活リズムが乱れてしま いました。そこで、職員の生活リズムが乱れないように、夜勤専従のスタッフ を別途雇ったそうです。ただでさえ人手不足の昨今ですが、施設が敬遠される 理由の1つとして「夜勤はやりたくない」ということがあげられることも事実で す。そこまで思い切らずとも、夜勤スタッフを増やし、日勤者のシフトを減らす 等、1人の職員に過度の負担がかからないよう常に配慮するとよいでしょう。

Q 64　できれば、全体研修を全職員に一斉に受けさせたいのですが、シ フトの制約があり、全職員が集合し、一斉に研修を受講できる条 件にありません。この場合、どうしたらよいでしょうか。

A　　講習を一斉に受講させることが行政から求められていないのであ れば、その点にこだわる必要はありません。むしろ、受講者が大勢 集まるとそれだけ各人の注意力が散漫になり、厳しい言い方をすれば主催者 側の自己満足で終わるおそれがあります。ユニットごとに実施したり、Zoom 等のオンラインシステムを活用し、遠隔でも受講する等、忙しい現場に配慮 したプログラムを組むようにしましょう。研修は虐待防止の出発点ですが、

それよりも重要なことは、日々の取組みであり、気づきシート等を継続することであることは第2部第10章で述べたとおりです。

Q65　ある施設の職員が、別の職員が利用者の更衣介助をする際、ふざけて携帯で動画を撮影していたことが発覚しました。その中で職員は利用者に対し「このもうろく婆ぁ」などといった声かけをしていることがわかりました。心理的虐待にあたるため、けん責処分、並びに始末書の提出を命じましたが（8章76頁参照）、その職員が書いた始末書がどうもことの重大性や反省の意識がみられないように思います。懲戒処分をしても反省していないようなときはどう対処すればよいでしょうか。

A　　突発的な暴力や無自覚による不適切介助と異なり、心理的虐待は当人の利用者に対する邪心がストレートに表れたものであり、その分悪質といえます。一度の注意指導で心を入れ替えてくれればよいのですが、本件のように反省がみられない場合は引き続き指導が必要です。

　ここで注意しなければならないのが、「懲戒処分は1つの事案につき1回きり」ということです。文字数がほとんどない等、実質的に未提出と認められない場合は、内容の如何にかかわらず提出された以上、提出義務は果たしたといわなければなりません。したがって「反省していないから書き直し」等と命じることは原則として許されないことになります。

　本件では、動画撮影と不適切な声かけという一連の行為に対する懲戒処分は終了したといえるところ、始末書の再提出を求めることはしないほうがよいでしょう。

　しかし、「反省がみられない」というこちらの認識を伝えること自体は問題なく、そのうえで利用者の権利擁護や接遇といった、欠けていると思われる要素について外部研修の受講等を命じることが可能です。これらはペナルティ

としてではなく、あくまで一般的な職員としての資質や能力向上のために行うものであるためです（1人だけでなく、この機会に他職員全員に受講させてもよいかもしれません）。

　そのうえで、日常業務をこまめに観察し、また不適切な言動をしていないかをチェックします。定期的なモニタリングとカンファレンスを実施するのもよいでしょう。このように、ペナルティとしてではなくあくまで教育・サポートとして行うという意識で臨むようにしましょう。

6　家族からのクレーム対応

> **Q66**　明らかに不可抗力による事故にもかかわらず、利用者家族が「これは虐待である」と強弁する場合は、どのように対処すべきでしょうか。

A　施設として認定した事実経緯を根拠とともに説明し、理解を求めるほかありません。職員をことさらにかばうようなことはせず、あくまで中立公正な態度で臨む必要がありますが、明らかに事実と認められることについてまで相手に言われるがまま事実を曲げる必要はありません。家族は納得せず、行政に通報するかもしれませんが、そのときは淡々と経過を説明し、最後は行政の判断に委ねることになります。もっとも、いらぬ誤解を回避するため、先に担当部署にこの件につき相談する等の根回しをしておくと安心かと思います。

　一方で、例えば、オムツ交換時に力を入れすぎ、股関節を脱臼させてしまった等という判断が微妙なケースであれば、虐待の可能性は否定できないため、むしろ率先して行政に通報したほうがよいでしょう。

Q 67　利用者家族が、「虐待の可能性があるため、居室にビデオカメラを設置してほしい」と申し出てきました。応じる義務はありますか。

A　　応じる義務はありません。リビングや廊下など共用部分に見守りカメラを法人の判断で設置することがありますが、これは、あくまで自主的な措置であり、法令上の義務ではないのです。ましてや、本来利用者のプライベートな空間である居室内に設置する義務はないものといえます。

Q68　利用者家族が、自前でビデオカメラを購入し、居室に取り付けようとした場合に、これをやめてもらうことはできますか。

A　　難しい問題ですが、最終的には居室には施設側の管理権が及ぶとして、設備を断ることができるものと考えます。

　賃貸契約を結ぶサ高住（サービス付き高齢者向け住宅）を除き、通常、介護施設の居室を入居者が使用する権利は「利用権」といいます。家族からみればこの利用権に基づきカメラの設置が認められるかが問題となります。

　通常、マンション等を借りるとき等に借主が取得する賃借権は、部屋の空間を完全に自由に使う権利として認められます。一方で施設の居室利用権は、賃借権とは異なる性質のものであり、法令上どのような権利であるかについて明確に定めたものが現状ありません。例えば、施設内居室は内側から鍵がかけられない形態が大部分ですが、これは、利用者に何か異変や緊急事態が起きた際に、すぐ職員が踏み込み、救出できなければ意味がないためです。このように、居住者のプライバシー保護の要請が、利用者の安全確保のために後退しているといえます。

　さらに、居室には職員らが頻繁に出入りしますが、職員についても当然プライバシー権や個人情報の保護は必要です。居室にカメラが何台も設置されていれば、介助する側としてはいつも監視されているようで落ち着かず、信頼関係が失われるといった弊害も生じます。

　そのような施設としての特殊性から、施設側としては居室の安全確保・利用者のプライバシー保護のバランスの観点から、ある程度、居室内でのルールを定めることが可能であると考えます。例えば、図書館等で飲食を禁止するといった規制を敷く根拠を「施設管理権」といいますが、法的にはこの施設管理権が各居室内にも及ぶという理屈です。もちろん、ルールですから事前に利用規定等に盛り込んでおいたほうがよいことはいうまでもありません。「当施設では、ご利用者のプライバシー尊重および職員の個人情報等保護の観点から、居室内にカメラを設置することはご遠慮いただいております」等とアナウンスするとよいでしょう。

> **Q 69**　施設として設置を断ったにもかかわらず、利用者家族が無断で隠しカメラを居室に設置していたことが判明しました。施設側から何か責任追及をすることはできますか。

A　Q68で述べた施設管理権に基づき、話合いの中で設置を取りやめてもらい、もし、どうしても応じられない場合には退去してもらわざるを得ない場合もあるものと考えます。すでに撮影したデータの消去や公開しないこと等を求めることは考えられますが、それ以上の損害賠償請求などは不可能でしょう。なお、これは録音機の場合でも同様です。

　隠しカメラに関しては、施設からすれば重大な「裏切り行為」かもしれませんが、犯罪を暴くための「必要悪」である場合も多いにあり、悩ましいところです。

　実際に、居室内で起きた虐待が家族設置のカメラ映像によりはじめて明る

みに出、事件としてマスコミ等でも取り上げられたこともあり、最終的に密室の中で起きる犯罪行為を証拠化するには隠しカメラや録音しかないという現実もあります。もし、本当に隠しカメラにより虐待行為が明らかになったというのであれば、形勢は完全に逆転します。現実に虐待を把握できなかった事実は重大であり、施設側の職員に対する監督責任が問われることになります。

　その意味では、もし、虐待が疑われるようなケースで、真偽を見極める必要性が高いと思われる場合には、施設としてもカメラの設置に応じてもよい場合もあろうかと思います。可か不可かを一律に定め、硬直的に運用するのではなく、常に利用者保護の観点から最適な方法を選択するようにしたいものです。

Q70　通いで利用者（80代女性、認知症）の世話をしている家族が、ケアマネージャーやデイサービスに対し、頻繁にクレームを出してきます。また愚痴のような話が長く、一度電話に出ると数十分は拘束されるため職員は困っています。利用者に対しても、同じようにきつい言葉で当たっているようです。事業所として、何か対策を講じるべきでしょうか。

A　養護者支援の観点からは、Q71で解説するように養護者の悩みを引き出し寄り添うといった対応が考えられますが、本件のようにクレームが頻回で、いわゆるカスタマーハラスメント（嫌がらせ、略称「カスハラ」）のようになっている場合は職員を守る方向で動く必要も出てきます。

　カスハラについては本書執筆時点（令和5年10月）では未だ正規の法令により定義等が定められていませんが、厚生労働省のガイドライン「管理者向け研修のための手引き」によれば「精神的暴力」については「個人の尊厳や人格を言葉や態度によって傷つけたり、おとしめたりする行為」とされています。

　現場においてもそのような言動が認められる場合は、その発言を秘密録音することで証拠化し、止めていただくよう申入れをすべきといえます。

　長時間の電話はダイレクトにカスハラに該当するものではなく悩ましいところですが、業務に差し支えることは確かですから、例えば1日の通話対応時間の上限を30分とさせていただくなど事業所としてのルールを定め、従っていただくよう申し入れることが考えられます。このような家族が最初から素直に従っていただけることはまずありませんが、ともかくも事業所側が困窮していることは伝えなければ始まりません。

　そのうえで、利用者も心理的虐待等を受けているといえ、その点についても場合によってははっきりと指摘し止めていただくよう申し入れるべきでしょう。全く聞く耳をもたないような場合はやむを得ず市町村に通報し行政の対応に委ねます。

7　家庭内虐待

> **Q71**　在宅介護を行っている養護者の方が、介護の仕方について悩んでいるようですが、悩みを打ち明けていただけません。最近寝不足の様子なので、おそらく夜間に親御さんを何度もトイレにお連れすることで疲弊されているのだろうと思います。虐待のようなことはまだ起きていませんが、職員はこの養護者に対しどういった対応・ケアをしたらよいでしょうか。

A　虐待の有無にかかわらず、養護者の支援は重要です。

　「最近、夜は眠れていますか」等、気になる点を直接尋ねてみることが考えられます。介護事業者に心を開いていないと思われる場合は、過去にトラブル等があり不信感を拭いきれないという背景事情があるのかもしれません。「自分たちは味方である」ということを粘り強く伝え関係性を築いていくことが重要です。

　なお、高齢者虐待防止法は第1項で「市町村は、第6条に規定するものの
ほか、養護者の負担の軽減のため、養護者に対する相談、指導及び助言その
他必要な措置を講ずるものとする」。

　第2項は、「市町村は、前項の措置として、養護者の心身の状態に照らしそ
の養護の負担の軽減を図るため緊急の必要があると認める場合に高齢者が短
期間養護を受けるために必要となる居室を確保するための措置を講ずるもの
とする」（14条（養護者の支援））と定めており、2項はいわゆる緊急ショート
についての定めです。

　通常のショートステイ利用では順番がすぐ回ってこないが、緊急で利用が
必要といった場合はこの制度に頼ってみるのもよいでしょう。

Q72　息子と2人暮らしの利用者がデイサービスに通っていますが、毎
　　　回、体に不自然な痣があり、衣類も汚れています。息子は「自分
　　　で転んでぶつけたけが」と説明していますが、全体的に利用者は
　　　大切に扱われておらず、利用者本人も怯えているように見えま
　　　す。このようなときは、事業所としてどうすべきでしょうか。

A　　　家庭内虐待についても高齢者虐待防止法は同様に定めており、
　　「養護者による高齢者虐待を受けたと思われる高齢者を発見した者
は、当該高齢者の生命又は身体に重大な危険が生じている場合は、速やか
に、これを市町村に通報しなければならない」（7条1項）とされています。
通報を受けた市区町村は、県と連携してその高齢者の保護に乗り出します。
具体的には、もし、家族を説得しても虐待が止まないような場合には、老人
福祉法に基づく「措置処分」を行い、その高齢者を措置により別施設に隔離
することがあります。家族には行き先が知らされないため、家族としては大
変驚き、また虐待をしている認識がないことも多いため、非常に憤ります。
一方でいわゆる「冤罪」だったということもままあり、本来虐待と正式に認

定するには至らないケースであるにもかかわらず、行政が勇み足で措置に踏み切るというトラブルもあります。

　現実には、デイサービス側としては、一事業所の立場でいきなり通報することは憚られることが多いでしょう。最初は、担当ケアマネージャーや地域包括支援センター等に相談し、連携して対応していくことになります。

　その際、本当に家族が虐待行為をしているのかについては、慎重な事実認定が必要です。施設内と違い、家庭内の出来事は外部からは判別し難く、一方で、だからこそ救済の必要性が高いともいい得るのですが、安易に虐待と決めつけず、まずは、息子本人と話してみるといった支援的なアプローチを心がけたいものです。

Q 73　デイサービスの職員です。ある利用者の身体に褥瘡を発見しました。帰りの送迎時に家族にそのことを伝え、医療機関に連れていくよう伝えましたが、受診させようとしません。今後、デイサービスとしてどういった対応をとるべきでしょうか。

A　虐待との関連でいえば、養護者によるネグレクト「高齢者を衰弱させるような著しい減食又は長時間の放置、養護者以外の同居人によるイ、ハ又はニに掲げる行為と同様の行為の放置等養護を著しく怠ること」（高齢者虐待防止法2条4項1号ロ）に相当する可能性があります。しかし、だからといってこの状況で直ちに行政へ通報することは行き過ぎでしょう。

　まずはしっかり記録をとることが重要です。いつ、どのような状況下ではじめて褥瘡を発見したのか、そのときの色や大きさ、形状、臭いなどもあれば詳細に記録します。そのように褥瘡の発見やその後の状態を詳細に記録することで、間違ってもデイサービスの利用中に発生したといった疑念が生じることのないようにします。

　そのうえで、利用者の家族が動かないのであれば担当ケアマネージャーに

報告・相談します。例えば金銭的な理由で受診や薬品を購入できないといった事情があれば、その問題を解決するためケアマネージャーが家族と協議し、あるいはサービス担当者会議等を開催します。

　関係者間で解決が見出せないような場合は、管轄の地域包括支援センターに介入を求めることも考えられます。その場合は、家族が理由なく診察を拒む等何らかのやむを得ない事情があることが多く、虐待認定される可能性も高いと思われます。いずれにせよ、周囲の関係者と連携、記録するという意識を常にもつようにしましょう。

> **Q74**　ヘルパーとしてある利用者宅にはじめて訪問したところ、利用者が車椅子に座り安全ベルトが装着されていました。利用者は窮屈そうにされ、「ベルトを外してほしい」と私に求められましたが、その旨を家族に伝えたところ「父はこれまで何度も車椅子から転落しているので、安全のためにつけざるを得ないんです。もし外してけがをしたら、あなたが責任をとってくれるのですか」と言われました。事業所としてどのように考え、対応すべきでしょうか。

　　　　　事故防止という理由はわかりますが、身体拘束に該当する以上、3要件を満たさない限り許されず身体的虐待と評価すべきといえます。

　身体拘束とは、利用者の行動の自由を制限する対応を意味するところ、車椅子に座った状態で、自分では外せない構造の安全ベルトを装着することは身体拘束に該当します。なお、車のシートベルトのように自分で外せる構造であったとしても、利用者が認知症等で外すことができない場合は実質的にロックされている状態と変わらないため、身体拘束と評価すべきです。

　そして、身体拘束が例外的に認められる下記3要件を満たさない場合は違法であり認められず、身体的虐待が成立することになります（厚生労働省手引より）。

> 1　切迫性
> 　利用者本人または他の利用者等の生命または身体が危険にさらされる可能性が著しく高いこと
> 2　非代替性
> 　身体拘束その他の行動制限を行う以外に代替する介護方法がないこと
> 3　一時性
> 　身体拘束その他の行動制限が一時的なものであること

　本件では、安全確保のためとはいえ就寝時以外安全ベルトを付けっぱなしにしているような場合は3の一時性の要件を満たさず、違法となります。例えば、日中の午後の1時間だけといった限定的な使用形態であれば一時性を満たす可能性が出てきます。

　問題は、このような話をしたところで家族が納得されるかという点ですが、確かに家族の言うように万が一事故が起きたとしても、事業所がかかわっていない時間帯であれば利用者本人や家族の責任ということになってしまいます。その意味では、事業所側がいくら正論で説得しようと家族からすれば「無責任な押しつけ」としか映らず、聞き入れてもらえない可能性も十分考えられます。自分たちでは説得が難しい場合は、地域包括支援センターや役所の協力を求め、場合によっては以後の対応をお任せしてもよいかと思います。

Q 75　家族による虐待の疑いがあり、事業者等関係者が異変に気づいて
　　　いたにもかかわらず、虐待通報を躊躇し、その間に実際に大きな
　　　虐待事件が起き、利用者がけがや死亡するといった事態になった
　　　場合、速やかに通報しなかったことを理由とする法的な責任は生
　　　じるでしょうか。

A　　高齢者虐待防止法上は、通報を怠ったことによる罰則等はありま
　　　せん。もっとも、明らかに通報すべきにもかかわらず、「息子に逆
恨みされると怖いから」等という理由で躊躇し、結果としてその高齢者を守
ることができないのであれば本末転倒です。

　このようなケースで実際に責任が問われた裁判例等は、筆者の知る限りで
は存在しませんが、家庭内の虐待が、家庭内という外部からは判明しづらい
特殊環境で生じるものであることに鑑み、当該虐待の態様が明白に予測され
たにもかかわらず、通報を怠ったと認められる場合には、義務違反（不作為
による不法行為）が問われ、遺族等関係者から損害賠償を請求される可能性
があると考えます。

Q 76　家庭内虐待は、利用者本人が認知症であれば、事実として虐待に
　　　相当する行為が本当にあったのか否かが非常に見極めにくいと思
　　　います。利用者を支える事業所としては、どのような点に注意し
　　　て日々対応すればよいでしょうか。

A　　基本は「観察する」ことです。全身の痣や出血痕の有無、服装や
　　　髪の乱れ、体重の変化、入浴しているか、口腔ケアの状況、本人の
表情や言動、外部刺激に対する反応等、項目は多々あげられますが、「もし
かしたら虐待されているのではないだろうか」という「心配性」の目で利用

者に常に目を配り、小さな変化を見逃さない意識が大切です。

　ときには、利用者から直接「息子に叩かれた」「娘にいじめられている」といった「SOS」が出ることもあるかもしれません。そのようなとき、一大事と慌てず、慎重に事実確認をする姿勢が重要であることはQ72で述べたとおりです。家庭内虐待においても「疑わしきは罰せず」の法原理（48頁参照）は施設の場合と等しく妥当します。特に利用者が認知症であれば、よほど明らかなけが等客観的な証拠がほかにない限り、その発言だけで即断しないほうが無難です。

　あるいは、自宅から施設への送出しの際に、家族が利用者を大声で叱っていたり、体を叩いて急かすようなことをしていたとしましょう。不適切な行為であることは間違いないため、その場で、勇気をもって注意する必要があります。そのうえで、翌日以降、改善の方向に向かうかを観察し、もし、改善がみられないようであれば「利用者を怒鳴ったり叩く行為は虐待に該当するおそれがある。このままでは行政に通報せざるを得なくなるかもしれない」と、将来起こりうる（家族にとっての）「最悪の事態」を告知するようにします。これは、いわば施設における職員への戒告・けん責等の懲戒処分と同じ発想であり、イエローカードで警告し、それでも警告に応じないのであれば実際に予告したとおり踏み切るというやり方であれば、いざというとき、相手も最低限の心の準備ができており、大きなトラブルを回避することができるのです。

　高齢者虐待防止法および障害者虐待防止法は、「養護者の支援」も重要な施策の1つとして掲げ、各々次のとおり定めています。

> **（養護者の支援）**
> 14条1項　市町村は、……養護者の負担の軽減のため、養護者に対する相談、指導及び助言その他必要な措置を講ずるものとする。

　支援者としては、この視点と考え方を忘れてはいけません。家族が実の親

に手を上げるまでには、必ず何かしらの背景事情や、やむにやまれぬその人なりの理由があるはずです。家族自身も苦しみ、悩んでいるのです。その心情に寄り添い、利用者を引き離すのではなく養護者とともに「支援する」という姿勢で大きな愛をもって接するようにしてください。

　いずれにせよ家庭内虐待においては特に、一つひとつの点（当該ケースだけ）で判断せず、線（過去からの積み重ね）を定点観察し、「傾向」から判断する姿勢をもつようにしましょう。

Q 77　家庭内虐待の結果、行政により措置処分が下され、利用者のAさんが施設に緊急入所しました。3日後、Aさんの家族と名乗る方が施設を訪問し「母がここにいるはずなので会わせてほしい」と言ってきました。どう対応すべきでしょうか。

A　目の前で家族に迫られると焦ってしまいがちですが、このようなときこそ、法令に基づき冷静に対応しましょう。このようなときは「特定のご利用者の施設入所の事実そのものが個人情報に該当するため、個人情報保護法に基づきお知らせすることはできません」と答え、諦めてもらうほかありません。

　家族側は、そもそも親がこの施設に入所しているか否かも知らないという可能性があります。そのようなときに、施設側で「会わせることはできません」等、「この施設にいる」ことを前提としてうっかり答えてしまうと、逆に個人情報の漏洩となってしまうおそれがあります。電話で不意に尋ねられたときなど、誤って利用者本人をリスクにさらすような返答をしないよう注意しましょう。

8　虐待認定後の対応

⑴　手　続

> Q78　医療機関内で虐待が発生した場合は、どのように処理されるので
> しょうか。

A　高齢者虐待防止法は養介護施設・事業において発生する場合を想
定したものであり、医療機関で同じような事件が起きたときは同法
は適用されません。その場合は医療法が適用され、管理者等が適切な管理を
行っているか等について行政が検査をし、不適正な場合には指導等を通じて
改善を求めることになります。

> Q79　市区町村に虐待の事実が通報された場合、その後はいかなる手続
> が想定されるのでしょうか。

A　通報を受けた市区町村は、上位監督機関である都道府県に対し、
以下の事項を報告します（高齢者虐待防止法施行規則１条）。
① 　養介護施設等の名称、所在地および種別
② 　虐待を受けたまたは受けたと思われる高齢者の性別、年齢および要介
護状態区分または要支援状態区分その他の心身の状況
③ 　虐待の種別、内容および発生要因
④ 　虐待を行った養介護施設従事者等の氏名、生年月日および職種
⑤ 　市町村が行った対応
⑥ 　虐待が行われた養介護施設等において改善措置が採られている場合に
はその内容
そのうえで、都道府県と市区町村は必要に応じ、連携して当該虐待事件の

調査を行います。主に関係者への聴取り等を中心になされますが、警察が刑事事件として捜査する場合でも、警察と連動するものではありません。

　調査の結果、通常は改善に向けた指導がなされ、施設側はこれを受けて年間計画を作成し、その報告および経過報告をすることになります。

Q80　虐待をした職員や所属法人はいかなるペナルティを受けますか。

A　ケースバイケースですが、刑事罰相当など深刻な虐待をしたことが明らかな職員は、就業規則に基づき何らかの懲戒処分（場合によっては最も重い処分である懲戒解雇）を受ける可能性があります。

　その職員を雇用・監督する立場にある法人は、行政から実地指導や監査の形で調査を受け、その結果、悪質性が認定され、改善の見込みもないと判断された場合は、新規利用者の受入れ停止、あるいは最悪の場合、介護施設の指定取消し等のペナルティを受ける可能性があります（第2部第1章参照）。さらに、虐待が認定された施設は当該事実を公表されることになります。

Q81　行政から改善命令を受けた場合は、具体的にどのような改善策を求められるのでしょうか。

A　行政の対応はケースバイケースですが、厚生労働省マニュアル「Ⅲ　養介護施設従事者等による虐待への対応」によれば、市区町村による「指導文書の例」として次のように記載されています。

　　○○施設において、以下の点を重視して施設内部での調査検討を全職員が関与する形で行うとともに、調査結果に基づき経営者・管理者の責任において改善計画書（書式は任意）作成及び提出を求めます。なお、

改善の取組においては具体的な目標及び達成時期など必ず明記すること
を求めます。

(1)　虐待対応マニュアルの整備

(2)　職員全員に対する虐待対応マニュアル等の周知徹底

(3)　第三者委員会の設立及び施設内での虐待が発生した原因の究明と検
　　討

(4)　職員の外部研修の実施と評価の充実

(5)　風通しのよい職場づくりの検討と具体的な対策

　再発防止のための具体的な方策については第2部第3章で解説したとおり
ですが、ポイントはマニュアルや研修を型どおり実施すればよいというもの
ではなく、実践的かつ実効的なものでなければ意味がないという点です。
　前掲・厚生労働省マニュアルには、「指導に沿った改善計画例」が掲載さ
れており、参考になるため、以下に掲載します（〈図表11〉）。

〈図表11〉　指導に沿った改善計画例

指導内容	改善内容
(1)　虐待対応マニュアルの整備 ①虐待対応マニュアルに組織として虐待防止を実施する義務に対する姿勢が明確にされていない ②管理者が虐待早期発見の責任者であることが明記されていない ③継続的な虐待防止教育や早期発見のための体制づくりが明確化されていない	①現行の虐待対応マニュアルについて、組織として断固として虐待の発生する環境をつくらないことを明記し、その方針及び具体的施策をマニュアルに追記を行う。 ②虐待予防・早期発見の責任者を明確にし、日常実施すべき役割をマニュアルに反映させる。 ③虐待防止委員会の組織作りと委員会議事録及びヒヤリハットを安全委員会と共有し、虐待の早期発見と継続的な教育展開ができる組織づくりを実施する。
(2)　職員全員に対する虐待対応マニュアル等の周知徹底	①虐待対応委員会立ち上げ後、虐待対応マニュアルを改訂。その後、早期

230

①虐待対応マニュアルの早期発見や通報義務について職員の理解が低い ②定期的な教育がなされていない	発見のポイントや通報義務について内部監査にて理解度を確認。理解が低い点について、各所属において学習会を開催し徹底する。 ②年間教育計画内に、4月の入職者研修時に新人対象で「虐待対応マニュアルの理解」研修を実施すること。9月度、虐待対応自己点検シート実施後、結果を受けた形で「虐待防止研修」を全職員対象で実施することを入れる。
(3)　第三者委員会の設立及び施設内での虐待が発生した原因の究明と検討 ①第三者委員会の設立に関わる規定がない ②虐待発生時の原因究明と検討できる体制がない	①虐待対応マニュアル内に ・第三者委員名簿（連絡先を含む） ・第三者への連絡方法 ・第三者委員会開催規定及び議事録作成規定を追記する。 ②虐待発生時（疑いを含む）その事実確認後、即日虐待防止委員会を開催し、前後情報の記録の確認・職員ヒアリングを実施し、時系列分析及び対策立案を実施することを虐待対応マニュアル内の虐待防止委員会規定に追記する。
(4)　職員の外部研修の実施と評価の充実 ①虐待対応に関わる職員の外部研修が実施されていない ②虐待対応に関わる研修評価制度がない	①安全委員会と連携し、外部研修情報を収集し、3年目以上の職員は全員1回は虐待に関わる外部研修を受講することを虐待対応マニュアルに規定する。その上で、年度末に未受講者について、各所属長から事由書及び受講計画予定表の提出を規定する。 ②外部研修受講者は、当該受講年度でチームを組み、虐待対応研修会（9月度）の研修実施を行い、研修受講者からのアンケートによって理解度の評価とする。理解度が低い内容に

	ついては、当該研修チームで再度その項目に関わる研修を実施することを規定する。
(5)　風通しのよい職場づくりの検討と具体的な対策 ①管理者が職員のストレス状況や現場の環境を把握できる体制ができていない ②職員が気軽に相談できる体制がない	①管理者は、ヒヤリハット報告書を利用し施設内状況を把握する。職員に報告書の重要性及び運用を教育し、状況把握ができる報告書の提出を促す。ヒヤリハット報告書項目に ・職員への暴力 ・利用者間トラブル ・外傷等 虐待兆候を把握するための項目を追記すると共に苦情対応委員会と連携し、利用者・家族からの苦情報告書内に虐待の兆候がないか、確認していく責務を虐待対応マニュアルに規定する。 ②相談しやすい環境づくりのため、管理者は、ヒヤリハット報告書による施設内状況の把握を行ったうえで、ケアの度合いが高い利用者や認知症の利用者等の状況から、管理者から適切に職員への声かけを行う。安全委員会の機会などを利用し、現場の課題に対し、職員をねぎらいながら解決への指導を行う。その際に不満や不安の兆候がある職員に対し、個別の声かけを行い相談受け入れ体制を示す。

> **Q82** 虐待相当の行為が発覚したものの、利用者が職員をかばい、通報を望まない場合はどうしたらよいでしょうか。

A 　家庭内虐待の場合に往々にしてある現象ですが、親が実の子かわいさから、子どもから暴力を振るわれる等しても子どもをかばい、何事もないかのように振る舞うことがあります。これは施設内虐待でもあり得ることですが、あるいは後から復讐されることを恐れてそのように発言している可能性もあります。

　虐待防止委員会としては、やはり第三者的立場からみて虐待と認定した以上、しかるべく粛々と対処しなければなりません。すなわち、「利用者が虐待の事実を伏せておくよう求めている」という事実は、虐待防止法上通報等の対応をしない根拠事由とはならないのです（ただし、性的虐待など、内容を共有することでかえって利用者の尊厳やプライバシー感情を傷つけてしまうような場合は特別の配慮が必要です。情報は極力伏せ、特定できない形で通報等すべきです）。

　もし、利用者の要望を全面的に受け入れ、明白な虐待行為があったにもかかわらずこれを不問に付したとすれば、後から発覚したときに、行政から重大な隠ぺい行為と指摘されかねません。例えば、職員がカッとなって利用者を平手打ちした事例で、「普段からよくしてくれる職員だし、自分も悪いところがあったのだから、今回は見逃してやってほしい」等と被害者である利用者が希望したようなときは、「お気持ちはわかるのですが、やはり今回の職員による行為を法人として見過ごすわけにはいきません。私たちは法令に則り、利用者様の人権を守るため、行政に報告する義務があるのです。ですが、もし、ご不安なことがあれば、できる限り配慮いたしますので、何でも話してください」等と柔らかく説得すべきといえるでしょう。

> **Q83**　職員が虐待をしたと認められた場合、必ず警察に逮捕されるので
> しょうか。

A　必ずしも逮捕されるとは限りませんが、やはりターゲットとされ
た職員につき、逃亡や罪証隠滅のおそれが少しでも認められれば、
逮捕に至る可能性は考えられます。施設に立ち入っての任意の事情聴取から
始まり、ある時点で逮捕状を取得し、逮捕に踏み切ることが流れとして考え
られます。

> **Q84**　職員が虐待をした可能性がある場合、必ず警察にも通報しなけれ
> ばならないのでしょうか。

A　ケースバイケースであり判断に迷う場合もありますが、利用者が
重大な被害を受け、かつ虐待行為が明らかであり刑法犯にも抵触す
る可能性が高い場合には、利用者保護の観点から行政への通報と並行して警
察にも届け出るべきです。なお、被害者が犯罪者の訴追を求める申出を「告
訴」といいますが、第三者がこれを行う場合を「告発」といいます。もっと
も、刑法犯には「虚偽告訴罪」というものもあり（刑法172条）、「虚偽の告
発」をした場合には告発者自身が罪に問われる可能性もあります。
　警察への通報はある程度、事実関係が明らかである場合に踏み切るように
したほうが無難といえるでしょう。悩ましい場合には、ひとまず行政に報告
し、その判断を仰ぐようにするとよいでしょう。

> **Q85**　虐待が疑われる職員が辞職した場合、当該者の氏名や住所を利用
> 者家族に告げる義務はありますか。

A 　職員にも当然プライバシーはあり、その個人情報は保護されなければならないため、理由なく氏名や住所を利用者家族に伝えることはできません。ただし、個人情報保護法には第三者への情報開示について例外規定があり、「法令に基づく場合」には本人の同意がなくとも開示して構わないとされています（27条1項1号）。典型的なものとして、警察からの照会（刑事訴訟法197条2項）、裁判所による文書送付などの調査嘱託（民事訴訟法186条）や、弁護士会を通じた照会手続（弁護士法23条の2）等があげられます。このような公的機関から照会された場合は、必ず開示しなければならないというわけではないのですが、一定の根拠に基づき照会がされており、開示しても責任を問われることはまず考え難いため、応じても問題ないものと思料します。

Q86　法人から行政に虐待の経緯を報告したところ、「現場職員は、なぜ直接行政に通報しなかったのか」と追及されました。何かペナルティを受けるのでしょうか。

A 　通常、行政がそのような追及をすること自体考え難いのですが、事件から数日経過した等、報告が遅くなった場合はあり得るかもしれません。

　もっとも、虐待防止法上、通報が遅れるようなことがあってもその事実をもってペナルティを科す規定は存在しないため、その点は心配ありません。

Q87　改善計画の中で、第三者委員を導入するよう指導されましたが、第三者委員の就任をどこに依頼すればよいでしょうか。

A 　　虐待防止の啓発運動や第三者委員としての活動を行うNPO法人や一般社団法人等がある場合は、そちらに打診することがまず考えられます。どうしても地元で見つからないような場合には、社会福祉協議会や行政機関に紹介してもらうとよいでしょう。

Q88　第三者委員は、法人の顧問弁護士でも問題ないでしょうか。

A 　　問題ありません。実際に、筆者は顧問弁護士として虐待防止委員会に委員として参画したことがあります。第三者委員は、あくまで利用者保護の観点から法人を監視する立場にあるといえ、突き詰めれば、法人の利益を守る顧問弁護士としての立場と矛盾する可能性がなきにしもあらずといえるのですが、そのときは管轄の行政から正式な許可を得、問題なく遂行できました。行政によっては異なる考え方である可能性もあるため、念のため、あらかじめ行政の担当者に確認するとよいでしょう。

Q89　行政処分・行政指導が下された場合、不服申立てはできますか。

A 　　処分前は「聴聞」手続が存在しますが、処分が下された後においては下記手続をとることができます。

① 　行政不服審査申立て

　指定取消し等の行政による処分に不服がある場合、介護事業者は処分庁である市区町村に対して「審査請求」を行うことが可能です（行政不服審査法）。

　審査請求が行われると、市区町村に設置された行政不服審査会が、行政処分に至る手続の適正性や、法令解釈を含めた処分庁の判断の妥当性の審査を行います(行政不服審査法67条)。

　行政不服審査会では、審査請求書や証拠書面などをもとに審理を行います。その結果、審査請求に理由があると判断した場合は、採決により当該取消し等の処分が取り消されます（認容裁決）。

　この審査請求は、次に紹介する行政訴訟と異なり行政の内部での審査機関であり、いわば「内輪」のジャッジにすぎません。なお、審査請求自体は、対象となった処分の効力を停止させるものではないため、継続中は介護報酬が請求できない状態に変わりはありません。受けた処分の効力を停止させるためには、審査請求にあわせて審査庁に対して「執行停止の申立て」をする必要があります。

　その意味では、訴訟よりさらに勝ち目が薄いことが多いといえ、最初から行政訴訟を提起したほうが早い場合も多いといえるでしょう。

② 　行政訴訟

①　の不服審査手続の結果、当方の主張が認められない棄却裁決が出された場合、あるいは審査請求をせず直接、介護事業者は裁判所に対して行政処分の取消訴訟（行政訴訟）を提起することもできます。

　取消訴訟での請求が認められれば、取消し処分が取り消されます。これも不服審査と同様、主張が認められるためのハードルは高いといえますが、行政不服審査と異なり司法府による判定になりますので、より緻密な法律論に基づき判決が下されることが一般に期待できるといえるでしょう。

Q90　5年前の事件につき、内部通報があり行政からその点につき質問がなされました。虐待事案については、何年前までさかのぼり調査されるものでしょうか。

　虐待防止法には、虐待をしたことを理由とする「虐待罪」のような犯罪は定められておらず、その消滅時効についても規定はあ

りません。したがって理屈上は何年でもさかのぼることができる、ということになります。

　もっとも、数年も経過していれば利用者の利用終了や職員の退職など、当時の人間関係が変わっている等調査できないことも多いでしょう。例えば暴行罪について、刑事上の消滅時効（公訴時効）は「暴行を行ってから3年」とされています（刑事訴訟法250条2項6号）。このような刑法上の規定にならい判断することが合理的ではないかと考えます。

(2)　マスコミ対応

> **Q91　行政から「本件はマスコミに公表したほうが望ましい」とアドバイスされましたが、具体的に何をどこまで公表すればよいのでしょうか。**

A　　行政はホームページ等で虐待の事実を公表する権限を有しますが、マスコミに発表するか否かは施設運営法人の専権であり、本来、行政が指導するような事柄でもないはずです。もし、問題とされている事実が虐待とは思えず、あるいは根本的な部分で事実誤認がある等いわゆる「冤罪」である場合には、行政のアドバイスといえど、言われるまま従う必要はありません。例えば、次のようなケースが考えられます。ある施設において、職員が利用者のオムツ交換作業中に、誤って脚を強く押してしまい、大腿骨を骨折させてしまいました。救急搬送先の医師は、「これは虐待である」と断定し、家族はこの言葉を真に受け行政に訴え出ました。行政からも虐待という前提で指導を受け、マスコミへの公表を促されました。施設がこれに応じたところ、一方的な内容の記事が新聞に掲載され、虐待の既成事実が流布してしまいました。施設としておかしいと思うことについては、例え相手が行政であろうと流されず、いざというときにはっきりNOと言えるよう、心の準備をしておきたいものです。

一方で虐待の事実自体を認める場合は、先手の意識でマスコミに情報提供したほうが望ましいときもあります。基本的には FAX による事実の説明と謝罪の文書を送信し、大事件であれば謝罪会見を開く等、ケースに応じて対応を考えます（第11章参照）。その目的は「客観的かつ正確な事実をいち早く伝え、マスコミにとっての疑問の余地をなくし、事態の鎮静化を図る」ことにあり、いたずらにことを大きくするためではもちろんありません。

Q92 マスコミが施設に取材を求めてきましたが、断ってもよいでしょうか。

A まだ施設側で対応の準備ができていないなど、一時的に断るもっともな理由がある場合には、取材を断っても問題ありません。しかし、何度問われてもすべてノーコメントで通すことは、大げさにいえば国民の「知る権利」を侵害していると指摘されかねません。ましてや公共性の高い社会福祉法人等であればより高次のコンプライアンスの要請に応えていく社会的義務があります。

マスコミは基本的に「こちらが逃げるから追いかけてくる」ものなのです（110頁参照）。「臭いものに蓋」をすれば、蓋の中で問題はますます腐ってしまい、事態は取り返しがつかなくなります。

自らの組織が起こした事件と正面から向き合い、あますところなく把握している情報を開示し、生まれ変わる思いで再出発するとの決意を表明すれば、その組織がまだ世の中に必要とされていれば、必ず乗り越えることができます。対外的評価の低下等をいたずらに恐れることなく、「利用者やその家族のために何をすべきか」という使命感を忘れずにこの難局を乗り切ってください。

なお、取材の申入れに対しては、基本的には文章で慎重に回答することとし、口頭でのインタビューにはその場で軽々に答えないことが、特に事件直

後の動揺している段階では重要となってきます。もし、理事長との面会等を先方が求めてきたときは、他紙との関係での公平性も考慮する必要があるため、マスコミ各社に呼びかけて会見を一度開いたほうがかえって望ましい場合もあります。施設側としては、会見の場を仕切ることで状況をコントロールしやすくなるためです。

Q93　マスコミが施設の出入口にとどまり、利用者家族や現場職員を捕まえ、インタビューしようとしていますが、追い返すことができるでしょうか。

A　基本的に「けんか腰」で臨んではいけませんが、マスコミといえど、何をやっても許されるわけではありません。「本件については本部の虐待防止委員会に窓口が一本化されておりますため、職員個人にインタビューすることはお控えください」等と丁寧に伝え、引き取ってもらうことが考えられます。それでも先方が応じない場合は、大げさな話になりますが「不退去罪」（要求を受けたにもかかわらず人の住居等から退去しない罪：刑法130条後段）という犯罪が成立すると解釈することも可能です。あまりに取材がエスカレートした場合は、警察に通報することも選択肢に入れておきましょう。

Q94　施設内で複数名の職員による悪質な虐待事件が発覚し、全国的に報道されてしまいました。このようなとき、いわゆる記者会見を開く必要があるでしょうか。また、どのような点に注意すべきでしょうか。

A　記者会見による謝罪や説明は、特段どのような場合にすべきといったルールは存在しませんが、事案が重大でありマスコミからの質問

攻勢に対応しきれない場合など、現場の混乱を回避し情報や見解を整理して伝えるために開催することが考えられます。

マスコミ対応については108頁以下に「①窓口を統一する、②先手で情報を開示し謝罪する、③情報を小出しにしない」とポイントを記載しましたが、会見における注意点も同じです。会見を開くのであれば、報道が過熱する前の早いタイミングで決断する必要があります。

最低限、当日話すシナリオを決めておき、法人にとって有利・不利を考えず把握しているすべての情報を開示するという姿勢が原則となります。お辞儀の角度や時間等はそれほど重要ではありませんが、繰り返し映像で流れる可能性がある以上練習しておくとよいでしょう。また、緊張のあまり薄ら笑いを浮かべるようなことがあってはなりません。

Q95 Q94に関連して、社会福祉法人の運営する施設内で複数名の職員による悪質な虐待事件が発覚し大々的に報道された結果、利用者の家族会からも「どうなっているのか」と執行体制を糾弾され、職員募集にも応募が全くなくなり、紹介会社や派遣会社からも敬遠されるようになりました。このような状況で、理事会や評議員会が何らかの責任を負うことはあるのでしょうか。

A 社会福祉法45条の20第1項は、「理事、監事若しくは会計監査人（以下この款において「役員等」という。）又は評議員は、その任務を怠ったときは、社会福祉法人に対し、これによって生じた損害を賠償する責任を負う」とし、また同法45条の21第1項は「役員等又は評議員がその職務を行うについて悪意又は重大な過失があったときは、当該役員等又は評議員は、これによって第三者に生じた損害を賠償する責任を負う」と定め、それぞれ対法人責任、対第三者責任を定めています。理事会および、各理事を選任する評議員もそれぞれが個別に責任を負うのです。

　いかなる場合に実際に責任を負うことになるかについては、会社法の世界で著名な裁判例「ダスキン株主代表訴訟」（大阪高裁平成18年6月9日判決）が参考になるでしょう。

　これは、会社が、無認可の添加物を使用した肉まんを販売していたところ、代表以下執行部がこれに気づいていながら商品回収・説明等の措置を怠ったとして株主らから提訴されたというものですが、裁判所は次のように判示しました。

　「……そのような事態を回避するために、そして、現に行われてしまった重大な違法行為によって会社が受ける企業としての信頼喪失の損害を最小限度に止める方策を積極的に検討することこそが、このとき経営者に求められていたことは明らかである。ところが、前記のように、一審被告ら（筆者注：役員ら）はそのための方策を取締役会で明示的に議論することもなく、『自ら積極的には公表しない』などという**あいまいで、成り行き任せの方針を、手続き的にもあいまいなままに黙示的に事実上承認**したのである。それは、**到底、「経営判断」というに値しないものというしかない**」（太字は筆者による）。

　これを経営判断の原則といいますが、「事実に基づく執行部の判断が著しく不合理であった場合でなければ、善管注意義務違反を認めない」という法理です。言い換えれば、よほどコンプライアンス体制やガバナンスを怠っていたような場合は、経営判断をしたと認められず法的責任が生じるといえるでしょう。虐待についていえば、評議員および理事長以下執行部が、現場における深刻な虐待の蔓延に気づいていながら、①リスク管理体制の構築、②虐待が発見された場合の対処体制の構築、③虐待の事実の公表と被害回復措置を怠ったような場合、法人の対外的評価下落による損失や人員配置基準を満たすことができなくなったことによる損害等につき賠償義務を負うものと考えます。

(3)　刑事事件の対応

> **Q96**　虐待をした職員が、被害者家族から被害届を提出され、逮捕され
> ました。この職員は今後どうなるのでしょうか。

A　　刑事手続上、身柄を拘束された被疑者は、逮捕後48時間以内に検
察庁に送検され、検察官は逮捕から24時間以内に勾留するか否かを
決定します。通常は勾留が決定され、最大20日間拘束することができます。
逮捕からトータルで23日の間に、検察官は被疑事実につき起訴するか否かを
決定します。起訴されると勾留は続行され、刑事裁判が終結するまで身柄を
拘束されることになります。

　このように一度逮捕勾留されると、日本の刑事手続は、まず身柄を解放し
てくれることはないため、長期戦となることを覚悟したほうがよいでしょ
う。また携帯電話等もすべて取り上げられ、外部との連絡の手段が絶たれる
ため、まずはこの職員に国選弁護人等の弁護士が割り当てられるのを待ち、
以後は、その弁護士とやりとりをしていくことになります。勾留後は、接見
禁止処分がなされなければ、関係者として面会することも可能になります。

　職員の労働者としての対応としては、まず身柄拘束中は欠勤扱いとし、給
与を支払う必要はありません。釈放された場合も、今後起訴される可能性が
ある場合には就業規則に基づき休職（起訴休職）を命じることが可能です。

　職員の最終的な処分については、判決が確定し、刑事手続が完全に終了す
るまで、「（その犯罪を）やったであろう」という前提で懲戒処分等をするこ
とはできません。早々に幕引きを図ろうとするあまり、勇み足で解雇等に踏
み切ってしまうと、万一、刑事裁判で無罪となり、あるいは不起訴処分と
なった場合に解雇無効を争われる等、別の労働問題に発展するリスクがある
ため、注意が必要です。

> **Q97　法人の顧問弁護士は、虐待事件の被疑者となった職員の弁護人になれますか。**

A　　　顧問弁護士は法人の利益のために動く存在であるところ、当該職員とは利益相反の関係にあるため、弁護人になることはできません。通常は弁護士会から弁護士が派遣され、逮捕後、早い段階で面接（「接見」といいます）してくれ、その弁護士が弁護人となるパターンが多いといえます。

> **Q98　逮捕拘留され、被疑者となった職員の家族は、被疑者と面会できますか。**

A　　　逮捕後、送検されるまでの間は警察の取調べ等が優先し、弁護人以外は家族でも面会が許されません。裁判所が勾留を許可する際に、逃亡や罪証隠滅のおそれを理由として面会禁止の処分（接見禁止）をすることがあり、その場合は引き続き面会を禁じられます。

⑷　民事事件の対応

> **Q99　虐待の被害者となった利用者・家族には、法人としてどう対応すべきでしょうか。**

A　　　法的には、施設運営法人も虐待をした職員の雇用主として不法行為責任を負うため、利用者やその家族に対し、民事上の責任（損害賠償責任）を負うことになります。職員の行為は施設の行為であるとして、真摯に謝罪することは当然として、損害賠償をどのような形で行うかが問題

となります。

　被害者との関係では、法人は当該職員といわゆる連帯責任を負うことになります。法人として全額を賠償し、後から職員に自己負担分の支払いを求める（「求償」といいます）ことも可能ですが、その責任の内部分担の割合は、何も指針や規定がなく、ケースごとに協議により決めていくことになります。基本的な考え方としては、法人側も監督責任を怠り、虐待行為を発生させた過失があるとして、半分かそれ以上の責任を負担することになります。職員がしたことだからといって、100％当該職員に責任を負わせることはできません。

　現実には、損害賠償相当の事件ともなれば、刑事事件にもなっている可能性が高いところ、逮捕勾留された職員の家族も弁護人を通じて賠償を申し出、法人と連名にて賠償額を提示するという流れが多いといえるでしょう。もし、利用者の側でその提示額に応じられない場合は、後に民事訴訟に移行する可能性もあります。こうなると終結まで長引くことを覚悟しなければなりませんが、前掲・大阪地方裁判所の判断のように心理的虐待であっても賠償命令が下される場合があるため注意が必要です（Q35参照）。

　なお、虐待の場合は、施設で加入している損害保険（施設の賠償責任保険）は原則として適用されません。この保険は転倒事故など、現場の過失により生じた損害をカバーするものであり、虐待という意図的な加害行為まで保障するものではないためです。

Q100　虐待をしてしまったことによる損害賠償額は、いくらが妥当でしょうか。

A　これについては、転倒事故や誤嚥事故のような損害賠償額の相場が存在しないため、何ともいえませんが、参考となる裁判例を1つ紹介します（東京地裁平成26年2月24日判決（平成24年(ワ)第11243号））。

　これは、介護施設に入所していた自閉症および精神遅滞の重複障害を負う入所者が、入浴介助の際、担当職員から、「わかってるのか、てめぇ」「なんで、わかんねぇんだよ、この馬鹿野郎」「もう入れてやんねぇぞ」などと怒鳴られ、肩、背中、尻等をゴム手袋をはめた平手で叩く、頭や肩等を浴室の壁に押さえつけるなどの暴行を繰り返し受けたという事件です。裁判所はこの一連の暴行につき職員の不法行為責任、施設の運営者であるNPO法人の使用者責任を肯定し、慰謝料200万円を認めました。

　被害者の受けた心身の傷や将来にわたるPTSD等のさまざまな悪影響を思えば、安すぎると思われるかもしれませんが、日本の裁判所は精神的な損害については介護・障害の分野にかかわらず、押しなべて高額の損害賠償を認めない傾向があります。筆者のこれまで見聞きしたケースでは、身体的虐待の事案で、死亡に至らないもので、慰謝料が1000万円規模にまで上ったものはありませんでした。実務上は、数十万円〜数百万円という範囲で考慮すれば妥当であるといえるのではないかと思料します。

著者紹介

外岡　潤（そとおか　じゅん）

弁護士、ホームヘルパー2級。「弁護士法人おかげさま」代表。
　介護・福祉の業界におけるトラブル解決の専門家。介護・福祉の世界をこよなく愛し、現場の調和の空気を護ることを使命とする。
　著書に『介護トラブル相談必携〔第2版〕―基礎知識からメディエーションによる解決法まで―』（民事法研究会）、『利用者・家族・スタッフ別にポイント解説！　裁判例から学ぶ介護事故対応〔改訂版〕』（第一法規）ほか多数。
　YouTubeにて「弁護士 外岡 潤が教える介護トラブル解決チャンネル」を配信中。

介護トラブル解決チャンネル

〔事務所〕
弁護士法人

おかげさま

〒160-0023
東京都新宿区西新宿8-9-14　ベイベリー202号室
TEL　03-6555-3437／FAX　03-6730-6140
Mail：infookagesama@gmail.com　URL：https://okagesama.jp

実践　介護現場における虐待の予防と対策〔第 2 版〕

令和 6 年 5 月15日　第 1 刷発行

著　者　外岡　潤
発　行　株式会社　民事法研究会
印　刷　文唱堂印刷株式会社

発行所　株式会社　民事法研究会
　〒150-0013　東京都渋谷区恵比寿3-7-16
　　　　〔営業〕TEL 03(5798)7257　FAX 03(5798)7258
　　　　〔編集〕TEL 03(5798)7277　FAX 03(5798)7278
　　　　http://www.minjiho.com/　info@minjiho.com

カバーデザイン／民事法研究会　　　　　　　　ISBN978-4-86556-621-5
落丁・乱丁はおとりかえします。

介護に直接携わる施設や事業所職員などが直面する問題を多く取り入れ改訂！

介護トラブル相談必携
〔第2版〕
―基礎知識からメディエーションによる解決法まで―

弁護士　外岡　潤　著

A 5 判・379頁・定価 3,850円（本体 3,500円＋税10%）

▶感情面でのすれ違いが溝を深める介護トラブルを効果的に解決する手法「メディエーション」を実践的かつ平易に解説！

▶介護保険制度の基礎知識から過去の介護事故の判例分析までをわかりやすく丁寧に解説！　新たにQ＆Aでは感染症問題などを加え大幅改訂！

▶介護トラブルの相談を受ける方、実務家、施設関係者、当事者にとっての必読書！

本書の主要内容

HPの商品紹介は
こちらから↓

基礎知識からメディエーションによる解決法まで

**介護トラブル
相談必携** 第2版

弁護士
外岡　潤　著

Mediation for Care Trouble

▶感情面でのすれ違いが溝を深める介護トラブルを効果的に解決する手法「メディエーション」を実践的かつ平易に解説！
▶基礎的法律知識、介護事故の判例分析、介護保険制度が学べる決定版！
▶介護トラブルの相談を受ける方、実務家、施設関係者、当事者にとっての必読書！

発行　民事法研究会

発行　民事法研究会

〒 150-0013　東京都渋谷区恵比寿 3-7-16
（営業）TEL. 03-5798-7257　　FAX. 03-5798-7258
http://www.miniiho.com/　　info@miniiho.com

利用者の視点に立って任意後見を平易に解説した入門書!

Ｑ＆Ａ任意後見入門
〔第２版〕

井上　元・那須良太・飛岡恵美子　著

A５判・234頁・定価 2,750円（本体 2,500円＋税10%）

▶第２版では、成年後見制度利用促進基本計画や意思決定支援の考え方、任意後見制度と併用される民事信託の基本事項、親族間の紛争を背景とする任意後見の有効性等に関する裁判例とともに、最新の審判申立書の書式・記載例を収録して改訂増補!

▶任意後見制度の概要から、任意後見を利用するにあたっての手続、任意後見受任者・任意後見人・任意後見監督人の権限・職務の内容、実務上の注意点まで、Ｑ＆Ａ方式でわかりやすく解説!

▶書式・記載例に加え、豊富な資料を収録し、手続と実務を具体的・実践的に理解できる!

▶財産管理等委任契約、死後事務委任契約、尊厳死宣言、遺言等、任意後見契約を補完し、本人（委任者）の意思を実現する契約・制度も網羅!

▶弁護士、司法書士などの専門職だけでなく、これから任意後見人となる予定の一般の方や、さらには任意後見制度の利用を考えている方も利用できる!

本書の主要内容

HPの商品紹介は
こちらから↓

発行　民事法研究会

〒 150-0013　東京都渋谷区恵比寿 3-7-16
（営業）TEL. 03-5798-7257　　FAX. 03-5798-7258
http://www.minjiho.com/　　info@minjiho.com

高齢者虐待の予防概念をもとに、虐待防止策を提示する！

ソーシャルワーク実践による高齢者虐待予防

乙幡美佐江　著

A 5 判上製・324頁・定価 4,400円（本体 4,000円＋税10%）

▶実際の取組みからみえてきた支援のポイント！

▶高齢者虐待防止法に基づく公的マニュアルの有効性を、地域包括支援センターへの調査・分析を通じて詳細に明示！

▶高齢者虐待防止にかかわる関係者すべてに知ってもらいたい、虐待予防理論に基づいた予防システム構築の指針！

本書の主要内容

序　章　本研究の背景と目的

第1章　養護者による高齢者虐待防止に関する先行研究

第2章　高齢者虐待の予防に関する先行研究と概念枠組み作成の試み

第3章　高齢者虐待悪化防止の協働プロセスの様相
　　　　──ケース記録の質的分析をとおして──

第4章　高齢者虐待の悪化を防止した取組みの探索的な分析
　　　　──量的調査を中心に──

第5章　実践への示唆
　　　　──高齢者虐待の予防支援システムの構築に向けて──

終　章　まとめと今後の展望

HPの商品紹介は
こちらから↓

発行　民事法研究会

〒 150-0013　東京都渋谷区恵比寿 3-7-16
（営業）TEL. 03-5798-7257　　FAX. 03-5798-7258
http://www.minjiho.com/　　info@minjiho.com

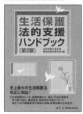